Hilf dir selbst ... mit einem Stein

Eliette von Siebenthal

8. Auflage, 1992

© 1989 Eliette von Siebenthal, Bern
Alle Rechte vorbehalten

Textbearbeitung: Michel Broccard und Dominique Stalder-Schüpbach

Umschlag und Gestaltung: Dominique Stalder-Schüpbach

Satz und Druck: Hallwag AG, Bern

Eigenverlag Windrose, Kramgasse 66, 3011 Bern, und 3453 Heimisbach

ISBN 3-9520368-0-3

Gott schläft im Stein,
erwacht in der Pflanze,
geht im Tier
und aufersteht im Menschen.
(Indisches Sprichwort)

Was dem Menschen am meisten fehlt,
ist Toleranz, Humor, Liebe
und gesunder Menschenverstand.
(Eliette)

Angst ist der Anfang der Finsternis.
(Chinesisches Sprichwort)

Dieses Büchlein ist eine Liebeserklärung an alle Menschen und alles Lebende. Eine Liebeserklärung an meine treue, langjährige, liebe Kundschaft, an meine Kinder, die immer positiv zu mir standen, an meinen Enkel, den süssen, kleinen, fröhlichen Dani, an alle Tiere, die auf dieser Welt weilen, an alle Steine, die uns erfreuen und uns durch ihre positiven Schwingungen helfen, an alle Blumen, Pflanzen und Bäume, an alle Töne und Farben, an alle Planeten und Sterne, die uns umgeben.

Inhaltsverzeichnis

Vorwort

Für alle, die — obwohl sehr verschiedene Wesen — auf ähnliche Art denken, die die Natur und die Tierwelt achten, an Urkräfte, Kräuter, Musiktherapie, Homöopathie, alternative Heilmethoden (wie Farbentherapie, Bachblüten, Aromatherapie, Akupressur, Reiki) und neue Wege glauben. Gerade in den Steinen steckt die Urkraft der Natur. Im Kristall ist der Schlüssel der Ewigkeit.

Meine Erklärungen und Überlegungen stammen aus meiner langjährigen praktischen Erfahrung. Sie haben sicher schon mehrere Bücher über Edel- und Schmucksteine und ihre Heilkräfte gelesen. Gut so, aber Sie besitzen auch einen gesunden Menschenverstand und werden ihn brauchen. Der Buddhist sagt: Prüfe alles und behalte das Gute. Niemand ist im Besitz der reinen Wahrheit, jeder hat seine eigene Wahrheit, an die er glaubt.

Die Liebe zu den Steinen allgemein steckt schon in jedem kleinen Kind. Auch ganz gewöhnliche Kieselsteine «leben» und sind voller Schwingungen und fliessender Energie. Der Stein, der uns helfen soll, schwingt mit uns. Alles schwingt: das Kind mit der Mutter, der Geliebte mit der Geliebten, der Schmuck mit seiner Trägerin, der Hund mit dem Meister, der Mond und die Sterne mit dem Meer und den Menschen, die Steine mit den Sternen. Das fühlt man intuitiv. Im Zeitalter der «Geistheilung» darf ich sicher behaupten, dass die Steine heilen helfen: vorerst durch die Freude, die sie uns bereiten, dann aber auch durch die Kraft ihrer Ausstrahlung. Die Steine heilen nicht direkt, sie laden aber durch ihre positiven Schwingungen unser Energiefeld auf.

Der Mensch, der Hilfe sucht und der der Kraft der Steine vertraut, will sich besser kennenlernen und sich positiv verändern. Ich möchte hier keine falschen Wunder versprechen. Tatsache ist aber, dass ich in den letzten 25 Jahren immer stärker erleben durfte, wie sich meine Kundinnen und Kunden, meine Freundinnen und Freunde mit den lieben Steinen helfen konnten. Durch ihre Ausstrahlung und ihre Schwingungen helfen uns die Edel- und Schmucksteine, uns selbst zu heilen. Wie geht nun eine Therapie mit Schmuck- und Edelsteinen vor sich? Wir brauchen dazu je nach Therapieart Steine zum

Tragen, zum Aufstellen und zum Auflegen, Massageöl, in dem ein Stein lag (für die Gesichtshaut und den Körper), gewisse homöopathische Medikamente aus Steinpulver, eine Talismankette oder -anhänger. Zuerst wirken die Steine auf uns durch ihre positiven Schwingungen, die wir aufnehmen. Durch Auflegen der Steine auf gesunde oder kranke Organe kann gezielter geholfen werden. Wenn wir die Steine regelmässig auf die Chakras (Energiezentren) legen, stärken und harmonisieren wir den Fluss der Energie in uns. Auch das Betrachten der Steine oder eine Steinmeditation lässt uns an ihrer Kraft teilhaben. Halten wir die Steine in der Hand oder tragen wir sie auf uns als Schmuck, helfen sie uns stark. Gewisse Steine kann man in Wasser legen und das Wasser dann trinken. Viele Erfolge beruhen auf der regelmässigen Aufnahme der positiven Schwingungen der Steine, einer guten Einstellung und einer gewissen Autosuggestion.

Kann ein Stein für einen Menschen «schädlich» sein? Ich verneine dies. Wenn man von einer Farbe oder einem Stein angezogen wird, dann wird dieser Stein eine positive Wirkung ausüben. Jeder besitzt Intuition, wir müssen nur auf sie hören. Die einzigen Unglückssteine, die ich kenne, sind Gallen- und Nierensteine. Aber auch diese sind, je nach Perspektive, glückbringend: nämlich für den Arzt.

Soll der Stein billig oder teuer sein, naturbelassen, poliert (als Trommelstein, Barockstein genannt), als Cabochon geschliffen und facettiert? Die Form des Steins spielt überhaupt keine Rolle, wichtig ist nur, dass er echt ist! Ob ein Stein 3 oder 3000 Franken kostet, ist für die Heilung nebensächlich, vorausgesetzt bleibt natürlich, dass er ehrlich erworben und nicht etwa gestohlen wurde. Ich brauche zum Heilen und als Glückbringer seit Jahren die hübschen und günstigen Barocksteine, die schon ab 3 Franken pro Stück erhältlich sind. Jede Therapie ist nur soviel wert wie der Wille des Menschen. Bei den verschiedenen Therapieformen — sei dies nun Musiktherapie, Farbentherapie oder Steintherapie (Lithotherapie) — ist das Ziel immer die Harmonie: die Harmonie in sich selbst, physisch und psychisch, und die Harmonie mit der Umwelt und dem Kosmos.

Zwischen den Elementen und den Planeten einerseits und den Steinen anderseits gibt es harmonische Verbindungen. Zu jedem Menschen passen immer mehrere harmonisierende Steine. Unter Berücksichtigung des ganzen Astrogramms der

Kundin oder des Kindes suche ich die betreffenden Steine aus und stelle sie zu einem hübschen Talisman zusammen. Ursprünglich passt sicher zu jedem Menschen jeder Stein, jede Farbe, jede Pflanze, jedes Tier. Die Astrologie ordnet die verschiedenen Steine den Elementen, Planeten und Sternzeichen zu. Das Zeichen der Fische ist ein Wasserzeichen, somit passen zu ihm grüne und blaue Steine. Zu den Fischen gehört als Planet Jupiter, dem man Blau zuweist. Demnach entsprechen den im Zeichen des Fisches Geborenen vor allem grüne und blaue Steine. Sie können selbstverständlich aber auch gelbe, violette oder rote Steine tragen. (Mehr über dieses Thema im Kapitel über Edelsteine in der Astrologie, Seite 66.)

Man darf also die Steine lieben, sich an ihrem Anblick erfreuen, sie brauchen, um wieder Lebensfreude und Harmonie zu erlangen. An ihre Kräfte zu glauben ist nur positiv und bestimmt kein Aberglaube. Man braucht beim Gebrauch von Steinen auch nicht ein schlechtes Gewissen zu haben. Nach Millionen von Jahren sind sie an die Erdoberfläche gekommen, damit wir uns ihrer bedienen können.

Ich spreche hier von Edel- und Schmucksteinen und Mineralien, nicht aber von Elfenbein. Elfenbein kann kein Glück bringen, wird es doch auf grausame Art gewonnen. Das Massaker an den Elefanten muss endlich aufhören! Ich denke in diesem Zusammenhang an Aga Khan, der einmal zu seiner Frau, die einen teuren Pelzmantel trug, sagte: «Hörst du nicht die Schreie der armen Kreatur, die auf so grausame Weise getötet wurde, und das nur für Geld?»

Als wichtige Begleitung zu meinem Buch empfehle ich Ihnen das sehr gute BLV-Bestimmungsbuch «Edel- und Schmucksteine» von Walter Schumann. Dort wird über den leider immer noch gebrauchten Begriff «Halbedelstein» folgendes gesagt: «Halbedelstein ist ein Begriff, der heute noch umgeht, der aber wegen seiner abwertenden Bedeutung besser nicht verwendet werden sollte.» Alle Steine sind edle Steine, sofern es sich nicht um Imitationen handelt.

Die Edel- und Schmucksteine, im Rohzustand auch Mineralien genannt, haben geometrische Formen. Zu den Kristallformen zählen sieben Kristallsysteme. Das BLV-Bestimmungsbuch vermittelt auch Wissenswertes über die Entstehung der Edelsteine und gibt Bescheid über ihren Aufbau.

Autobiographie

Meine lieben Kundinnen und Kunden, die mir im Laufe dieser bald 25 Jahre der Boutique «Windrose» liebe und treue Freundinnen und Freunde geworden sind, fragen oft: Wie bist du zu den Steinen und dem Wissen über sie gekommen? Was war das für ein Schicksal? Meine ersten Erinnerungen gehen zurück in mein drittes Lebensjahr. Ich war damals von einem fröhlichen jungen Coiffeur angetan. Ich mochte die Düfte, die ihn umgaben, und schnupperte gerne an seinen Händen. Als Bébert — so hiess der Mann — sich an Weihnachten für ein Fest unter Freunden als Weihnachtsmann verkleidet hatte, rief die kleine Eliette laut: «Der Weihnachtsmann riecht genau wie Bébert.» Natürlich mussten alle Anwesenden laut lachen, am lautesten lachte aber der Weihnachtsmann selbst. Ich aber staunte nicht schlecht, als er versuchte, seinen Bart wieder anzukleben, der ihm während des Lachanfalls abgefallen war.

Als ich fünf Jahre alt war, kam mein Bruder zur Welt. Wir zogen in ein kleines Dorf auf einem Hügel im Waadtland, das mir bald sehr lieb wurde. Anfang September 1939 wollte ich dieses Neuland entdecken und ging allein unter die Leute. Es war schrecklich. Anstatt mit mir zu sprechen, weinten die Frauen und Männer, niemand war auf der Strasse. Ich hörte nur immer: «la guerre, la guerre» (der Krieg). Die Bauern wussten, dass sie alle in den Militärdienst einrücken mussten; die Frauen hatten Angst. Aber wie die Geschichte weiss: sie hatten sich wunderbar bewährt. Die Erinnerung an diese Zeit tut immer noch weh, wenn man bedenkt, dass dieser Krieg 50 Millionen Tote forderte und Millionen und aber Millionen Menschen unglücklich machte. Warum? Wer kann diese Frage beantworten?

Ich sehe die kleine Eliette noch genau, wie sie mit den Eltern im Waadtländer Jura Himbeeren suchen musste; viel lieber hätte sie mit Jurakalk gespielt, der kleine Versteinerungen und Pyrit und auch hübsche Muskovitplättchen (Glimmer) enthielt. Natürlich waren Muskovit und Pyrit für das Kind Gold und Silber und Quelle wunderbarer Träumereien. Auch alle kleinen weissen, gelben, grünen, blauen, gestreiften, glatten und getupften Kieselsteine waren Objekte meiner Liebe.

Sie verhalfen mir zu langen Spielen und geheimen Träumen. Aus meiner Kindheit bleiben als Erinnerungen neben den Steinen der Erdgeruch unseres Gartens, den wir grosszügig «Plantage» nannten (Papa war Gärtner), bunte Schmetterlinge und sogar bunte Raupen, nackte Würmer. Ich liebte alle Tiere — mit einer überdimensionalen Liebe hing ich an ihnen. Diese Liebe ist bis heute in mir lebendig geblieben. Einmal durfte ich zwei aus dem Nest gefallene Spatzen aufziehen. War das vielleicht ein «Chrampf»! Beide hiessen Friquet, und noch heute sind alle Spatzen für mich kleine, liebenswerte Friquets. Eine Krähe war während mehrerer Wochen meine Freundin. Katzen waren natürlich meine Kuscheltiere. An alle denke ich noch immer mit Rührung, auch an unsere armen Kaninchen. Von meinem Bruder Jean und mir mit Liebe gepflegt und ernährt, landeten sie jeweils sonntags in der Pfanne. Wir hatten kein anderes Fleisch — insofern verstehe ich meine Eltern. Trotzdem waren die Sonntage für mich lange Zeit ein Alptraum, ich konnte natürlich keinen Bissen von meinen Lieblingen hinunterwürgen, und noch heute bringe ich es nicht fertig, Kaninchenfleisch zu essen.

Jeden Abend spielten Papa, mein Bruder und ich unsere Geigen. Papa selbst lehrte uns Geige spielen, und als verträumter Dichter-Gärtner-Musiker komponierte er auch einige «herzige» Lieder. Jeden Sonntag — es war noch so Brauch — gingen wir in die Kirche. Die langweilige Predigt konnte mich kaum begeistern, beim Singen oder Geigespielen jedoch machte ich freudig mit. Hätte man mich nach dem Thema der Predigt gefragt, ich hätte wie der Bauernsohn aus jener Geschichte geantwortet: Der Pfarrer sprach über die Sünde; er scheint eher dagegen zu sein.

Kindheit, Erwachsenwerden, Schulzeit, Rivalitäten zwischen Schülern und Schülerinnen, Freundschaften, die über die Jugendzeit hinaus gehalten haben, erste Bälle, erste Schwärmereien, der erste Kuss — ich erinnere mich noch genau: Der Jüngling nahm mich in seine Arme, drückte mich fest an sich und tat mir dabei sehr weh, zusätzlich stand ich mit meinen nackten Füssen in Brennesseln.

Das kleine Dorf im Waadtland, mitten in den Reben, lebt immer noch in meinem Herzen. Ein Duft ist geblieben: Maiglöggliduft. Die Wälder waren voll davon.

Erste Liebe . . . Meine Unschuld wurde, als ich 17 Jahre alt war, von den Gänsen des Syndic (Bürgermeister) gerettet. Ich war unsterblich in einen italienischen Angestellten des Syndic verliebt. Er hiess Quinto und spielte so schön Banjo. Abends liess er seine Klänge unter meinem Fenster ertönen, bis ich geschmeichelt ein Rendezvous annahm. Natürlich hatte der viel ältere Quinto etwas ganz anderes im Sinn als nur eine nächtliche romantische Serenade. Ich sollte Quinto spät abends hinter der Scheune beim Haus des Syndic treffen. Auf dem Weg dorthin musste ich über einen Zaun klettern. Aber ohalätz, die Gänse des Syndic hörten mich, eine schnappte wild nach meinem Hintern, so dass ich mit einem Rekordhochsprung kehrt machte. Die Romantik war dahin, ich sah Quinto nie mehr!

Als kleines Kind war ich sehr intuitiv und zeitweise hellsichtig. Ein Beispiel: 1940 war mein Vater im Militärdienst, ich war damals sieben Jahre alt und ging in die erste Klasse. Eines Morgens wollte ich auf gar keinen Fall in die Schule, meine Mutter konnte mich nicht vom schmiedeeisernen Gartentor wegbringen, ich klammerte mich daran fest und schrie immer wieder: «Papa kommt heute.» Und siehe da, abends kam Papa. Als Junge an Tuberkulose erkrankt, hatte er eine Lungennarbe, die jetzt wieder aufgerissen war und blutete. Deshalb musste er ins Militärspital.

Ich träumte von «Dingen», die sich später oft ereigneten. Ich spazierte viel allein durch Reben und Wälder — oft begleitete mich im Geist eine alte Frau. Sie erzählte mir viel über Kräuter, sagte mir, ich würde zwei Kinder gebären, und zwar einen Knaben und ein Mädchen. Von ihr erhielt ich unter anderem auch einen guten Rat für meine Gesundheit: Anscheinend litt ich schon als Kind an einer leichten Schilddrüsenstörung. Die Frau zeigte mir einen Nussbaum und sagte, bei Störungen der Schilddrüse könne man aus den Blättern dieses Baums einen Tee kochen und mit dem so gewonnenen Sud Umschläge machen. Wenn ich zu Hause von diesen Begegnungen erzählte, schimpfte man mit mir oder lachte über meine «blühende Phantasie». Vielleicht war dieser Geist eine meiner beiden Urgrossmütter — ich vernahm viel später, dass diese Frau gut über Kräuter und auch über Bernstein Bescheid wusste. Mit Dankbarkeit und Wehmut denke ich oft zurück an diese liebe alte Begleiterin, die ausser mir niemand sah.

Manchmal träumte ich auch von Dingen, die scheinbar nichts mit mir zu tun hatten. Mit 17 Jahren absolvierte ich mein Haushaltlehrjahr in Zürich und träumte von einem mir kaum bekannten Lehrer. Als ich kurz darauf mit meinen Eltern telefonierte, erfuhr ich, dass dieser Lehrer gerade gestorben war. Regelmässig seit meinem zwanzigsten Altersjahr begleitet mich ein sehr schöner Traum, der auf meine frühere Inkarnation hinweist: Eine lange Reise führt mich mit der Transsibirischen Eisenbahn nach Wladiwostok. Ich bin dreissigjährig, dunkel angezogen. Links und rechts sehe ich merkwürdige Bauten, russische und auch asiatische. Müde, aber glücklich komme ich nach mehreren Reisetagen an. Am Bahnhof werde ich von einer Kutsche mit drei dunklen, prachtvollen Pferden abgeholt. Ohne ein Wort zu sprechen, bringt mich der Kutscher zu einem Haus, das auf einem Hügel liegt und hinter Tausenden altrosaroter Rosen versteckt ist — ich weiss meinen Namen . . .

Mehr möchte ich nicht erzählen. Ich bin aber sicher, dass ich meine Kindheit der letzten Inkarnation im Ural verbracht habe. (Ich glaube fest an die Reinkarnation.) Der Ural ist sehr reich an Mineralien und Edelsteinen. Auch später, als Erwachsene, muss ich mit Steinen zu tun gehabt haben. Als ich vor rund 25 Jahren mit den Edel- und Schmucksteinen konfrontiert wurde, war dies für mich wie eine Offenbarung. Ich wusste, ich kenne sie alle, ich habe schon mit Edelsteinen zu tun gehabt und auch mit dem Heilen. Merkwürdigerweise werden, je älter ich werde, meine Erinnerungen an den Ural, an Moskau und Wladiwostok immer stärker. Als ich am 16. August 1966 meine winzig kleine Boutique eröffnete, kam ein todkranker Mann zu mir und sagte: «Ich habe einen Stein für dich, er ist klein und teuer, ein Alexandrit aus dem Ural, er gehört zu dir.» Ich nahm den kleinen, echten Alexandrit. Erst jetzt, nach 25 Jahren, weiss ich, dass dieser Stein und ich vom gleichen Ort herkommen. So habe ich die wunderbare Bestätigung, dass ich zwischen meinen 1001 Steinen wirklich am rechten Ort bin.

Ein sehr symbolischer Traum über meine nicht gute Ehe wiederholte sich dreimal. Ich musste etwas ändern. Das positive Resultat meiner Ehe sind meine beiden Kinder Michel und Dominique. Mein Gott, habe ich sie geliebt, geküsst, halb gefressen! Eine lustige Szene kommt mir in den Sinn. Michel war etwa fünfjährig. Ich küsste meinen Micheli und blödelte: «Mami hat ihren Micheli sooo gern, hat der Micheli seine Mami auch gern? Darauf antwortete der kleine «Schnuderi»: «Jaaa, aber ich habe Poulet auch gern!» Im Backofen schmorte gerade ein Poulet . . . Auch Dominique, meine Tochter, war und ist eine grosse Tiernärrin. Als Dank für die Pflege der Pferde eines alten Mannes lud sie dieser zum Essen ein, es sollte Gänsebraten geben. Dominique lehnte die Einladung ab und sagte trocken: «Danke, aber ich esse keine Gans, die ich persönlich kenne.» Sie war damals elfjährig.

Zurück zum Traum über meine Ehe: Ich wusste, dass eine grosse Veränderung auf mich zukommen würde. Wie würde sie aussehen? Ich lernte einen brasilianischen Abenteurer kennen, der mit Edel- und Schmucksteinen handelte. Klick! Ich wusste, ich kenne sie alle: Amethyst, Aquamarin, Beryll, Rosenquarz, Aventurin, Rauchquarz, Karneol, Rhodonit, Rhodochrosit, Jaspis, Rutil... Das war Anfang 1966. Da hatte ich dreimal diesen wunderschönen Traum: Sieben alte Ägypter, bekleidet mit Kleidern und Kopfbedeckung aus dem alten, vorchristlichen Ägypten, kamen geflogen. Alle hatten Adlerflügel. Sie landeten neben mir. Die Landschaft war kahl und unbestellt. Die Ägypter brachten mehrere Handpflüge mit und begannen den Boden zu pflügen. Die umgepflügte Erde dampfte. Ein eindrückliches Bild! Als alles gepflügt war, sagte der älteste Ägypter: «So, Eliette, wir haben gepflügt, säen musst du jetzt selbst.»

Wie es genau weiterging, Anfang 1966, nach den drei Träumen, weiss ich nicht mehr genau. Plötzlich war ein kleines Lager an der Junkerngasse in eine winzige, aber hübsche Boutique verwandelt. Es war eine sehr schöne und aufbauende Zeit. Meine ersten Kundinnen und Kunden sind meine liebsten und treusten Freundinnen und Freunde geblieben. Zweimal zog ich mit der Boutique um, aber auch dabei half mir das Schicksal: Ich musste meine Ladenlokale nicht suchen, sie wurden mir gezeigt.

Auch zu meinen Lieferanten habe ich ein sehr gutes Verhältnis, so zu CiPi, der mir die schönsten Steine aus China und aus Indien bringt. Er ist ein geborener Gentleman mit viel Humor. Dank seinen zahlreichen Reisen nach Asien und Indien kann er mir fast alle «Steinwünsche» erfüllen.

Ich muss immer schmunzeln, wenn ich an eine kleine Reiseanekdote denke. CiPi und seine Frau waren auf einer grossen Einkaufsreise in Indien. An einem Sonntag gingen sie in ein Lokal essen, das nur von der besten Gesellschaft besucht wurde. Die Frauen waren in wunderschöne bunte Saris gehüllt. Da auch die Damen mit den Fingern essen, hatten die Saris nach kurzer Zeit Flecken. Man begrüsste sich gegenseitig mit zusammengefalteten Händen, Herr CiPi aber musste wegen der fleckigen Saris sehr lachen. Er sagte auf französisch zu seiner Frau: «Das sind schöne Säuli!» Die Damen jedoch glaubten, er mache ihnen ein Kompliment, nickten immer wieder mit dem Kopf und grüssten. Ein anderer lieber Freund kauft für mich in den USA allerbeste Mineralien und Edelsteine. Er sucht sogar selber nach Edeltopasen und Pyrit-Sonnen.

In all den Jahren wurden meine Intuitionen immer stärker, und ich konnte sie in den Dienst meiner Kundschaft stellen. So kann ich ihnen jene Steine empfehlen, die ihnen bei der Heilung helfen. Meine Kundinnen und Kunden, meine Freundinnen und Freunde teilten mit mir in diesen 25 Jahren viel, viel Freude, aber auch Leid und Enttäuschungen. Wir haben viel gelacht, aber auch zusammen geweint: Hochzeiten, Geburten, Krankheiten, Todesfälle von lieben Menschen, Katzen, Hunden und Vögeln. Wir versuchten immer, mit den Steinen grosse Freude zu bereiten oder Trost zu spenden. Schenken, seien es Blumen, Steine oder etwas anderes, ist immer positiv. Helfen ist positiv, Helfen ist Hoffnung.

Wirkung der Steine

Ich werde immer wieder gefragt: «Was tut dieser Stein?»
Nicht der Stein «tut» etwas, sondern wir selbst machen etwas
mit dem Stein, nämlich seine guten Schwingungen mit Freude
und Optimismus einsetzen, um das physische und psychische
Gleichgewicht (wieder) zu erlangen, um gewisse Leiden zu
heilen.
Wenn Sie einen Stein schenken, schenken Sie zugleich
Freude, Hoffnung, Liebe und starke Schwingungen. Ich habe
Tausende von «Glückssteinen» verkauft und verschenkt.
Ein Glücksstein ist ein Stein, den man — begleitet von guten
Wünschen — schenkt. Dieser Stein wird dann zum «guten
Geist», der seinen Meister immer begleitet und tröstet.

Für wen ist die Edelsteintherapie?

- für jede und jeden, seine Familie, seine Tiere
- für Kosmetikerinnen, ihre Kundinnen und Kunden
- für Reiki-Therapeuten(innen)
- für Fussreflexologen
- für Geistheiler
- für Astrologen
- für alle, die mit alternativen Heilmethoden arbeiten

Einige Ärzte empfehlen ihren Patienten als positive Therapie-
unterstützung meine Steine bei Migräne, Allergien, Asthma,
Rheuma, Ekzemen (Bernsteinkette) oder Rosenquarz bei
Schlaflosigkeit und Nervosität.
Die Ärzte, die für die Lithotherapie offen sind, erzielen oft sehr
gute Erfolge. Natürlich wird diese Edelsteintherapie von der
klassischen Medizin nicht voll akzeptiert, aber doch toleriert,
da die guten Resultate nicht abzustreiten sind.
Die Mütterberatungsschwestern empfehlen jungen Müttern
eine Bernsteinkette für ihr Kleines gegen die Schmerzen beim
Zahnen sowie einen Rosenquarz gegen Schlafstörungen, bei
Dreimonatskrämpfen einen rotbraunen Jaspis, um das Bäuch-
lein sanft damit zu massieren.

Erfahrungen und Erfolge

Kann man wirklich mit Hilfe der Steine heilen, und wie?

Depressionen und psychosomatische Erkrankungen lassen sich sehr gut mit Steinen behandeln (Turmalin, Smaragd, Bergkristall, Türkis, Lapis, Sugilith usw.).
Gute Erfolge erzielt man auch bei Migräne, Rheumaschmerzen, Entzündungen aller Art, Allergien wie Heuschnupfen, Tierhaarallergien, Ekzemen, Gicht, Wetterfühligkeit, Kreislaufstörungen (Bernstein), Verdauungsstörungen, Verstopfung (brauner Jaspis), Schlafstörungen (Rosenquarz zum Entstrahlen), Nervosität, Gereiztheit, Stress (Citrin, Sodalit, Pyrit-Sonne usw.) zu hohem Blutdruck (Sodalit), zu tiefem Blutdruck: (Rubin).

Der Stein ersetzt den Arzt nicht

Viele Krankheiten müssen vom Arzt oder von einem Homöopathen behandelt werden. Natürlich können zusätzlich Steine verwendet werden, um die Organe und die Energiezentren (Chakras) aufzuladen.

Einige Erfolge

Ein sehr introvertiertes dreijähriges Kind bekommt einen Calcedon (Stimme, Kommunikation, Ausdruck, Halschakra): Es freut sich riesig, schaut seinen Stein immer wieder an. Plötzlich klettert es auf einen Stuhl und beginnt zu reden und redet und redet ... Seine Grossmutter ist begeistert.

Ein Kunde leidet an starker Nervosität, begleitet von Wutanfällen. Er ist deswegen in ärztlicher Behandlung, allerdings ohne grossen Erfolg. Ich rate ihm, jeden Abend die sieben Chakras (Energiezentren) 20 Minuten mit Bergkristallen zu öffnen, dann 20 Minuten mit sieben Farbsteinen aufzuladen.

Nach zwei Wochen geht es ihm viel besser, er ist gut gelaunt, fröhlich, und auch das Handzittern hat aufgehört. Natürlich macht er diese Übungen jetzt weiter. Für das Sonnengeflecht suche ich ihm eine Pyrit-Sonne aus. Sie ist besonders stark. Viele Leute leiden an Energieverlust und Disharmonie. Hier bringt die Anwendung von Steinen grossen Erfolg (auch durch Auflegen auf die Chakras).

Auch gegen Disharmonie gibt es wirksame Mittel: das Leben geniessen, sich selbst mit Blumen, einem Glas Wein, Musik Freude machen; mehr Liebe, Verständnis und Toleranz zeigen für Mensch und Tier. Das tägliche kleine Glück geniessen. Jeder bekommt seinen Anteil Glück und Missglück. Glück besteht für mich aus vielen kleinen Freuden: dem Lächeln eines Kindes, dem fröhlichen Gruss meines Beos, dem Schwanzwedeln eines Hundes, einem lieben Witz des Briefträgers, dem Umherschwirren eines bunten Schmetterlings . . .

Eine Kundin, Sängerin von Beruf, schwört auf ihre Calcedonkette für Hals und Stimme. Eine andere erhält grosse Hilfe durch eine gemischte Kette aus Smaragd und Aquamarin.

Der Smaragd als Kette (es gibt ihn für jedes Portemonnaie) half mir bei einer Schwellung der Schilddrüse und gegen Erstikkungsgefühle in der Nacht.

Bemerkenswerte Erfolge erzielt man bei Migräne mit Bernsteinketten. Inzwischen sind viele Ärzte sowie Pflegepersonal davon überzeugt.

Bernstein hilft Babys beim Zahnen, bei Allergien, Ekzemen oder Asthma. Auch kleine Fieberschübe sind schneller vorüber durch Tragen von Bernsteinketten. Die Schwestern der Mütterberatungsstellen sind begeistert. Ich habe unzählige «Papis» mit roten Augen und Augenringen nach schlaflosen Nächten, die ihnen schreiende Babys bescherten, gesehen. Viele erlöste Väter haben sich später bei mir bedankt. Tatsache ist, dass die Babys weniger Entzündungen bekommen und dadurch wieder besser schlafen.
Weint ein Baby trotz Bernstein nachts noch viel, sollte man sein Bettli mit einem Rosenquarzstück (roh, etwa eine halbe Faust gross) entstrahlen: den Rosenquarz etwa 80 Zentimeter

vom Bett entfernt auf den Boden legen, jede Woche einmal unter fliessendem kaltem Wasser entladen. Rosenquarz neutralisiert negative Erdstrahlen, Wasseradern und elektromagnetische Felder.

Eine Mutter suchte verzweifelt Rat bei mir ihre Tochter betreffend. Das Mädchen hatte Probleme mit seiner Blase, sie war immer entzündet, und das führte manchmal zu Bettnässen. Ich fertigte speziell eine Kette aus Bernstein und Heliotropjaspis an und schenkte dem Mädchen dazu einen polierten Heliotrop mit der Auflage, ihn jeden Abend 20 Minuten auf die Blase zu legen. Nach etwa vier Monaten kam die glückliche Mutter und versicherte mir, die Beschwerden seien verschwunden.
Man kann diesen Erfolg folgendermassen erklären: Die schwache Blase wurde durch die regelmässige Aufnahme der positiven Schwingungen des Heliotrops gestärkt, zudem wurde das ganze Immunsystem durch die Kette aus Bernstein und Heliotrop positiv beeinflusst.

Dominique, meine Tochter, hatte nach der Geburt ihres Sohnes Daniel Beschwerden mit der Schilddrüse und dem Herzchakra. Jede Nacht wurde es ihr eng um den Hals, sie hatte das Gefühl, ersticken zu müssen, was unerträgliche Angst auslöste. Mit dem Tragen einer Splittersmaragdkette, gemischt mit Lapislazuli und Aquamarin, besserte sich ihr Zustand sehr schnell. Ich brauchte für mich selbst vor Jahren einen Smaragd, um das Wachstum eines Kropfes zu dämpfen.

Mit dem Rubin erreiche ich grosse Erfolge bei zu niedrigem Blutdruck: Frau Kathrin W. litt unter zu niedrigem Blutdruck: 90/50. Nachdem sie zwei Wochen lang die von mir vorgeschlagenen Übungen mit einem polierten Rubin befolgt hat, hat sich ihr Blutdruck wieder normalisiert: auf 120/80. Zudem leidet sie, seit sie ihre Bernsteinkette trägt, also seit 10 Monaten, auch nicht mehr unter Migräne, und die chronischen Allergien sind weg.

Eine Kundin litt seit ihrer Kindheit unter Schwerhörigkeit. Sie bat mich um Rat. Ich empfahl ihr, jeden Abend 20 Minuten lang einen polierten Onyx auf das Scheitelchakra zu legen. Nach zwei Wochen kam sie wieder zu mir. Begeistert erzählte sie mir, dass sie, die während Jahren an einer Bahnlinie gewohnt und die Bahn nie gehört hatte, die Geräusche der vorbeifahrenden Züge jetzt deutlich wahrnehme.

Hier ein trauriges, trotzdem aber aufbauendes Erlebnis: Eine Kundin erzählte mir von einem Nachbarsbub, der an Muskelschwund litt und bald sterben musste. Er hatte einen schweren Kampf, denn immer wieder war er dem Ersticken nahe, kam aber jedesmal wieder zu sich. Nach Aussage des Arztes war seine Uhr abgelaufen. Diese Kundin wollte dem Buben etwas schenken, das ihm half. Ich sah den schönen roten Jaspis mit einer weissen Quarzader — Symbole für Erde mit einem Fluss, mit andern Worten: Symbol des Lebens. Dieses Kind musste mit dem Fluss gehen, dem anderen Leben entgegen. Frau E. brachte ihm den Stein noch am gleichen Tag. Sie erzählte mir später, dass sie noch nie einen so intensiven Ausdruck von Freude auf einem Gesicht gesehen habe. Der Bub behielt den Stein den ganzen Tag in den Händen und schaute ihn immer wieder an. Am Abend um 8 Uhr war er für immer sanft eingeschlafen.

Talismankette

Vor etwa zwei Jahren fertigte ich für einen Knaben aus dem Graubünden eine Talismankette an. Moritz leidet an einer seltenen viralen Augenkrankheit. Ich wendete meine ganze Intuition und Liebe für diese Kette auf. Die Mutter von Moritz schrieb mir inzwischen schon zweimal, dass es ihrem Sohn viel besser gehe, seit er diese Kette trage.

Ich habe schon viele Dankesschreiben erhalten, in denen meine Kundinnen und Kunden bezeugen, dass es ihnen seit dem Tragen ihrer Talismankette bedeutend besser gehe. Dies ist vor allem auf den Bernstein und die Turmaline zurückzuführen, natürlich aber auch auf die starke Schwingung der persönlichen Glückssteine.

Gerade erhielt ich noch einen Brief aus Feuerthalen: «Herzlichen Dank für die Glückskette, sie ist ein Segen, wie auch die Bernsteinkette . . .»

Rosenquarz — Stein der Freundschaft

Wie sein Name schon sagt, gehört er zur Quarzgruppe (siehe BLV-Buch). Rosenquarz habe ich all die Jahre sehr liebbekommen. Als Schmuck passt er zu vielen Farben, Pastelltöne sind immer gut zu tragen.

Aber uns interessiert vor allem seine Heilwirkung. Wir brauchen den Rosenquarz für das Herzchakra, um das nervöse oder kranke Herz zu beruhigen.

Auch wenn Organe wie Magen, Bauchspeicheldrüse oder Leber entzündet sind, kann man den Rosenquarz ab und zu 20 Minuten auflegen. Wenn man bei Magen-, Pankreas- oder Leberschmerzen einen Rosenquarz zusammen mit einem rotbraunen Jaspis 20 Minuten lang auf das schmerzende Organ legt, vergeht der Schmerz.

Aber der Rosenquarz kann noch viel mehr, er ist das beste Mittel gegen Unruhe, Schlaflosigkeit, Nervosität. Meistens schlafen wir auf Erdstrahlen, Wasseradern oder elektromagnetischen Feldern, die unseren Schlaf stören.

Man legt ein rohes Rosenquarzstück in der Grösse einer halben Faust etwa 80 Zentimeter vom Bett entfernt auf den Boden. Sehr wichtig ist dabei, dass man den Stein jede Woche unter fliessendem kaltem Wasser entlädt.

Die Wirkung des Rosenquarzes ist ganz einfach zu erklären: Der Stein zieht die Strahlung an, so dass die Schlafstelle, sofern der Stein neben dem Bett plaziert ist, strahlenfrei wird. Im Grunde braucht man also nicht genau zu wissen, wo die Wasseradern, Erdstrahlen oder elektromagnetischen Felder verlaufen. Natürlich kann man sie aber auch auspendeln. Es gibt gute Pendel aus echtem Bergkristall, Jaspis, Amethyst, Rosenquarz usw. Jeder Pendler entwickelt seine eigene Methode. Man lernt sich selbst zu sensibilisieren.

Ich möchte hierzu ein Buch empfehlen, das gutverständlich geschrieben ist: «Wer pendelt, weiss mehr», aus dem Roselium-Weckner-Verlag. Mir scheint es wichtig, dass man lange nur für sich selbst pendelt. Ich habe oft gesehen, dass beim Pendeln für andere Leute Fehler gemacht werden. Erst mit der langjährigen Erfahrung erlangt man grosse Sicherheit.

Ich persönlich höre mehr auf meine starke Intuition. Neulich pendelte eine junge Frau eine Pyrit-Sonne für ihren Freund aus. Der Pendel sagte nein. Daraufhin holte ich zum Schein eine andere Sonne, legte aber wieder die gleiche hin wie zuvor. Diesmal schlug der Pendel positiv aus. Sie sehen, wie leicht der Pendel zu beeinflussen ist. Manche Leute werden zum Sklaven ihres Pendels. Sie machen und essen nichts, ohne es vorher ausgependelt zu haben — das geht für mich eindeutig zuweit. Sicher ist es interessant und kann eine Bereicherung sein, sich mit dem Pendel zu beschäftigen, vorausgesetzt, man braucht dabei seinen gesunden Menschenverstand.

Erfolge mit Rosenquarz

Bei Verwandten im Emmental hatte eine Kuh seit langem geschwollene Beine und bekundete Mühe beim Gehen. Meine Tochter, Dominique, entstrahlte den Stall mit drei Rosenquarzen. Das Tier läuft wieder mit Freuden auf die Weide.
Rat für Bauern: In jede Ecke des Stalls einen Rosenquarz in der Grösse einer halben Faust hinlegen; jede Woche mit fliessendem kaltem Wasser entladen. Sie werden sehen, dass Ihre Tiere so gesünder sind.
Will man eine ganze Wohnung entstrahlen, legt man in jedem Zimmer an der Aussenwand einen Rosenquarz hin. Jede Woche entladen.

Auch bei Schlafwandel ist Rosenquarz sehr erfolgreich. Ein dreijähriger Bub wandelte im Schlaf, immer zwei bis drei Nächte vor und nach dem Vollmond. Zusätzlich zum Rosenquarz machte ich ihm einen Moosachatanhänger, um den Bub zu «erden». Seit zwei Jahren ist er nachts nicht mehr aufgestanden.

Bei einer älteren Kundin, die schlafwandelte, genügte ein Rosenquarz neben ihrem Bett.

Bei Fernseh- oder Computerstrahlen hilft auch ein kleiner Rosenquarz, etwa 60 bis 80 Zentimeter neben oder direkt auf dem Gerät.

Mehrere Kundinnen und Kunden, die seit Jahren starke Schlafmittel einnahmen, schlafen heute dank einem Rosenquarz ohne Mittel fest und störungsfrei.

Eine liebe Kundin wollte ausprobieren, ob es mit dem Rosenquarz auch funktioniert, wenn der Betroffene nichts davon
weiss. Sie legte also den Stein neben das Bett ihres Mannes,
der seit Jahren an Schlaflosigkeit litt. Und tatsächlich: Mon-
sieur schlief ruhig. Natürlich erklärte die Frau ihrem Mann das
«Wunderrezept». Seither nimmt er den kleinen Helfer immer
mit auf Reisen.

Erfolge mit dem rotbraunen Jaspis

In der heutigen Zeit sind Probleme mit der Verdauung häufig.
Der rotbraune Jaspis ist mit seiner Wirkung auf die Verdauungsorgane einmalig. Man legt den Stein je 20 Minuten auf Leber, Milz und Bauchspeicheldrüse.
Bei Verstopfung legt man zusätzlich zweimal pro Woche einen
rotbraunen Jaspis über Nacht in ein Glas Wasser. Dieses Wasser wird morgens nüchtern getrunken. Ein Wundermittel!
Auch hier heilt der Stein nicht direkt, er überträgt seine Energie in die labilen Organe.
Ein alter Herr aus Siebnen hat sogar keinen Alterszucker
mehr nach regelmässigem Auflegen und Trinken des Jaspis-
wassers.

Der Turmalin — Hilfe bei physischen
und psychischen Gleichgewichtsstörungen

Der Turmalin ist wie der Bernstein elektrisch geladen, was
seine aktive Hilfe erklärt.
Ich brauche Turmalinketten vielfach nur ihrer Schönheit wegen, sie sind so vielfältig in den Farben: von Dunkelgrün, Hellgrün, Rosa über Orange, Rot bis Blau. Bei physischen wie psychischen Gleichgewichtsstörungen wirkt der Turmalin oft
Wunder. Es ist dabei wichtig, eine Kette zu verwenden, damit
der Nacken berührt wird (Rückenmark, Kleinhirn).
In bestimmten Fällen, wo auch Bernstein nötig ist, fertige ich
gemischte Ketten an, Bernstein mit Turmalin (Neurodermitis,
Rheuma, Migräne, Nerven).
Der Turmalin hilft speziell gut bei Depressionen, schlechter
Durchblutung, multipler Sklerose, Parkinson-Krankheit, Epilepsie, Nacken-, Nerven- und Rückenschmerzen.

Eine liebe Kundin, die an multipler Sklerose leidet, konnte wegen der Krankheit ihr linkes Bein fast nicht mehr heben. Kaum hatte sie die Turmalinkette umgelegt, spürte sie im ganzen linken Körperteil ein Kribbeln, die Durchblutung wurde angeregt. Seither kann sie wieder normal gehen. Natürlich ist sie nicht von der multiplen Sklerose geheilt, aber die Kette bringt ihr echte Erleichterung, was sich auch positiv auf die Psyche auswirkt.

Viele Kundinnen und Kunden sagten mir schon, die Turmalinkette sei ihre liebste Kette und sie möchten sie nicht mehr missen.

Auch bei Kleptomanie half der Turmalin schon.

Bei behinderten Kleinkindern mische ich Turmalin mit dem so hilfreichen Bernstein (auch bei hypernervösen Kindern).

Turmaline in allen Farben wirken vorbeugend gegen Krebs und stärken das Nervensystem (elektromagnetische Wirkung).

Um psychisch kranken Leuten (auch hypernervösen) und Süchtigen zu helfen, braucht man Turmalin, evtl. Amethyst, Sugilith (evtl. zusätzlich Rutil, Türkis, Citrin, Topas).

Der Bernstein

Der Bernstein ist in bezug auf seine Heilwirkung von keinem anderen Stein zu übertreffen. Man kennt ihn schon lange. Was ist es genau: Vor 35 bis 55 Millionen Jahren tropfte das Harz aus dem heute ausgestorbenen Bernsteinkiefer. Es wurde hart und hat sich in der Erde bis heute erstaunlich gut erhalten. Es gibt sogar Bernstein mit Insekteninklusionen: Spinnen, Ameisen, Wespenlarven, über 3000 Insektenarten fanden den Tod und wurden im «gläsernen Sarg» konserviert. Man findet den Bernstein vor allem an Nord- und Ostseestränden. Auch in der Karibik gibt es Bernstein, der baltische ist allerdings schöner. Der Bernstein wird manchmal auch geschmolzen und gepresst, man nennt ihn dann «Pressbernstein». Es gibt auch unzählige Imitationen, allen vorab hergestellt aus sehr jungem Baumharz, genannt Kopal.

Wirkung des Bernsteins

Babys haben weniger Schmerzen beim Zahnen. Junge Mütter und Schwestern von Mütterberatungsstellen bestätigten mir, dass die Baby-Bernsteinkette auch bei kleinen Fieberschüben, Halsweh, Asthma, Allergien und Ekzemen die Heilung beschleunigt.

Wenn ein Baby oft Halsschmerzen hat, knüpfe ich noch ein paar Calcedone in die Bernsteinkette. Calcedon hat eine starke Wirkung auf das Halschakra sowie auf Drüsen und Mandeln.

Bei Erwachsenen erzielt man mit Bernstein sehr gute Erfolge bei Migräne, Gicht, Asthma, Rheumaschmerzen, Entzündungen (z. B. an Knie, Fussgelenk, Hüfte), Tierhaarallergien, Heuschnupfen und Ekzemen. Auch nach Verletzungen verhilft der Bernstein zu schnellerer Heilung.

Einige Erfolge mit Bernstein

An einem meiner Abendkurse (drei Abende) nahmen zehn Frauen und zwei Männer teil, darunter auch Danielle, die Frau eines Arztes. Am ersten Abend begannen ihre Augen zu tränen und die Nase zu laufen. Ich fragte sie: «Bist du etwa allergisch auf Katzenhaare?» (Ich habe vier Katzen in der Wohnung.) Sie bejahte. Also legte ich ihr eine Bernsteinkette um den Hals. Eine halbe Stunde später war die Störung vorbei; Danielle konnte den Kurs ohne weitere Unannehmlichkeiten besuchen. Sie meinte, das sei wie ein Wunder. Man kann aber die Wirkung des Bernsteins gut erklären: Beim Tragen produziert Bernstein einen feinen elektrischen Strom und stärkt so unser Immunsystem.

Meine Freundin Ursula (im Medizinalbereich tätig) litt diesen Frühling unter einer starken Blütenpollenallergie. Nachdem sie sich eine Bernsteinkette umhängte, verging keine halbe Stunde, bis sie wieder normal atmen und sprechen konnte. Ich könnte noch unzählige solcher Fälle aufzählen.

Wer viel Pech hat, sollte ein Stück Bernstein auf sich tragen. Er gehört zur Sonne. Im Mittelalter brauchte man ihn zum Schutz vor bösen Hexen.

Mehrere Ärzte schicken ihre allergien- und migränegeplagten Patientinnen zu mir. In über 80 % der Fälle ist die Wirkung des Bernsteins optimal.

Mein Sohn hatte eine schwerkranke Katze. Er rieb sie stundenlang mit Bernstein, und weil auch ihre Nieren nicht mehr richtig funktionierten, legten wir ihr einen Hämatit und einen Jade ins Trinkwasser. Die Katze lebte noch drei Jahre. Es beeindruckte meinen Sohn, dass sie gerade dieses Wasser sehr gerne trank.

Als meine Katze «Brutus» sterbenskrank dalag, konnte ich ihr das Dasein mit Bernstein, Jade und rotbraunem Jaspis verlängern und sie so noch sechs Monate verwöhnen.

Ein dreizehnjähriger Dackel sollte eingeschläfert werden, weil er starke Rückenschmerzen hatte. Ich schenkte dem Dackel eine Bernsteinkette, und die Schmerzen waren tatsächlich weg. Der Hund durfte sechzehn Jahre alt werden.

Mehrere Hunde, die an Ekzemen litten, wurden durch das Tragen von Bernstein und Olivin innert kurzer Zeit wieder gesund. Ihr Hund bekommt die schönsten Haare, wenn Sie an seinem Halsband eine kurze Bernsteinkette befestigen.

Ein Rennpferd hatte immer geschwollene Knie. Man befestigte ihm ein Stück Bernstein an der Halfter, und seine Knie wurden täglich mit Bernstein massiert. Es ging ihm sofort bedeutend besser.

Herr S., ein lieber Kunde, klagte über geschwollene Knie. Der Arzt fand nichts heraus. Ich schenkte Herrn S. zwei etwa fünf Zentimeter lange Bernsteinkettchen, die er mit Leukoplast auf seine Knie kleben sollte. Zwei Tage später unternahm er eine Bergtour. Keine Spur mehr von Schwellung! Ich sehe Herrn S. heute noch regelmässig, es geht ihm gut.

Eine Lehrerin klagte über Rheuma in ihren Händen. Sie konnte, trotz Spritzentherapie, kaum noch die Kreide halten. Mit zwei Bernsteinarmbändern und mehreren Rohstücken massierte sie ihre Hände gesund. Dies liegt schon einige Jahre zurück. Die Schmerzen und Entzündungen sind seither nicht mehr aufgetreten.

Ein Berufsgeiger litt unter Nackenschmerzen, Migräne und Stauballergie. Seit er seine Bernsteinkette trägt, ist er von diesen Übeln erlöst.
(Für Herren macht man etwas längere, aber feinere Ketten, die praktisch unter dem Hemd zu tragen sind.)

Eine junge Mutter aus Neuenburg kam mit ihrer zweijährigen Tochter zu mir. Das Mädchen litt seit der Geburt an Milchschorf und starkem Ekzem, vor allem an Armen und Gesicht. Nach zwei Wochen Tragen einer Bernsteinkette war das Ekzem verschwunden.

Das ist nur eines von unzähligen Beispielen. Bei Ekzemen schenke ich fünf kleine Peridote dazu. Diese grünen Steine sollen zwei Wochen lang in kaltgepresstem Olivenöl ruhen. Nach zwei Wochen nimmt man sie heraus und wäscht sie.

Zwei Wochen später legt man sie wieder in neues Olivenöl. Mit dem magnetisierten Öl betupft man jeden Abend die kranken Stellen (auch Psoriasis, Flechten).
Bei Neurodermitis empfehle ich eine mit Bernstein und Turmalin gemischte Kette und zugleich die Anwendung des magnetisierten Olivenöls.

Eine ältere Frau vom Land konnte wegen starker Rückenschmerzen keine Nacht mehr durchschlafen. Ich empfahl ihr, eine Bernsteinkette zu tragen, und gab ihr einen Rosenquarz, den sie neben ihr Bett legen sollte (etwa 80 Zentimeter Abstand), um die negativen Erdstrahlen und Wasseradern abzuleiten. Ein voller Erfolg!

Frau L., eine charmante ältere Dame, klagte über Nackenversteifung; sie könne seit Wochen die Arme nicht mehr hochheben. Nachdem sie ein paar Stunden eine Bernsteinkette getragen hatte, war die Versteifung weg. Seither sind mehrere Monate vergangen, und das Leiden ist nicht mehr wiedergekehrt.

Mehrere Kundinnen und Kunden bestätigten mir schriftlich, dass sie, seit sie Bernstein tragen, keine Migräne, keine Allergien und auch keine Ekzeme mehr haben.
Viele haben weniger Rheumaschmerzen. Auch bei Ischiasentzündung empfehle ich ein kleines Stück Bernsteinkette, das auf die schmerzende Stelle zu kleben ist.

Migräne?

Die Migräne lässt sich gut mit Bernstein (evtl. zusätzlich mit Turmalin oder Amethyst) behandeln. Ein Arzt, der mir viele seiner Patienten schickt, sagte, dass das Resultat bei 80 % positiv ausfalle.

Es gibt aber Leute, die immer Nackenschmerzen und Kopfspannen haben, weil sie mit Scheuklappen durch das Leben gehen. Diese haben oft nervöses Kopfweh. Es gibt auch immer wieder Menschen, die schon auf dieser Welt kleine Heilige sein wollen, ihre Migränen sind psychischer Herkunft. Ich stelle mir dann vor, dass ihre Kopfschmerzen vom zu engen Heiligenschein, der sie drückt, kommen.

Wir sind doch auf dieser Erde, um das Leben zu geniessen, die Liebe zu erfahren, uns an Essen und Trinken zu erlaben. Es steht nirgends in der Bibel geschrieben, dass wir in diesem irdischen Leben ernst, verklemmt oder gar traurig sein müssen.

Die Pyrit-Sonne

Die hübsche Pyrit-Sonne findet man in Sparta, Illinois, USA. Man findet sie in Kohlengruben, in Schiefer kristallisiert (etwa 250 bis 300 Millionen Jahre alt).

Sie gehört nicht zu den Edel- und Schmucksteinen, sie ist ein Mineral. Wir brauchen sie mit Erfolg gegen Stress, Depressionen, nervöse Magenbeschwerden, Energieverlust, Asthma und Bronchitis.

Man sollte sie möglichst jeden Abend während 20 Minuten auf das Sonnengeflecht legen. Ab und zu sollte sie unter kaltem Wasser entladen werden. Mit der Pyrit-Sonne muss vorsichtig umgegangen werden, da sie empfindlich und brüchig ist.

Entladen der Mineralien,
Edel- und Schmucksteine

Es wird viel erzählt über das «Reinigen» der Steine. Ich brauche aber viel lieber den Ausdruck «Entladen».

Der Stein, der regelmässig gebraucht wird, sollte auch entladen werden. Nichts einfacher als das: Man nimmt den Stein in die Hände und hält ihn ein paar Sekunden unter laufendes kaltes Wasser, anschliessend lässt man ihn an der Luft trocknen. Unter dem Einfluss von Luft und Licht ladet er sich langsam wieder auf.

Man kann den Stein auch an die Sonne legen, aber nicht zu lange, denn es gibt einige darunter (z. B. Bernstein, Türkis, Koralle, Lapislazuli), die sonst dumpf und brüchig werden.

Ich werde oft gefragt, ob zum Beispiel die Bernsteinkette jemandem ausgeliehen werden soll. Im Prinzip könnte man sie erst entladen, aber ich finde es nicht gut, denn jeder Mensch hat andere Schwingungen, ein Schmuckstück ist etwas sehr Persönliches, ob es nun 8 oder 3000 Franken gekostet hat.

Was braucht man für die täglichen Übungen?

Zum Auflegen:

— die sieben Chakrasteine (siehe Liste Seite 34)
— sieben kleine Bergkristallspitzen für die Chakras
— zwei kleine Bergkristallspitzen für die Hände
— Ferner braucht man zum Entstrahlen einige Rosenquarzstücke in der Grösse einer halben Faust.

Für die Meditation:

— eine Bergkristallgruppe oder -spitze oder eine Kugel oder Pyramide, je nach Gutdünken
— eine Obsidiankugel als Gegenpol des Bergkristalls
— einen Amethyst
— eine Pyrit-Sonne, um ein Energiefeld aufzubauen, ideal zusammen mit dem Bergkristall, dem Obsidian und dem Amethyst
— eine Chrysocollkugel, Symbol der regenerierten Erdkugel (blau-grün)
— einen Regenwaldjaspis (Ryolith) als Symbol für die gefährdeten Amazonas-Urwälder

Zudem empfehle ich Ihnen:

— eine Handvoll zu Ihnen passende Steine für die Hosentasche und für Massagen (siehe auch Seite 7)
— Kristallkugeln: Mit kleinen Kristallkugeln kann man auch Akupressurpunkte massieren (auch mit Rosenquarz und Amethyst). Grössere Kugeln braucht man für die Intuition, die Konzentration und natürlich auch für die Unterstützung eines Heilungsprozesses.
— einen zu Ihnen passenden Anhänger
— oder eine Talismankette

- oder eine Talismanhandkette
- oder für Männer eine Talismanhandspielkette für die Hosentasche
- oder einen Talismananhänger in Gold oder Silber mit den zu Ihnen passenden Edelsteinen

Als persönlicher Talisman eignet sich auch ein Schmuckstück mit einem Trilobit oder Ammonit sehr gut. Fossilien oder Versteinerungen sind Millionen von Jahren alte Lebewesen und Pflanzen, die in Schiefer- oder Kalkplatten konserviert sind.

Ich erinnere mich an Herrn Schwarzenbach, Maler und Kunstgewerbeschullehrer (einer meiner ersten Kunden), der 1966 einen hübschen, 540 Millionen Jahre alten Trilobiten kaufte (Trilobiten gehören zu den allerältesten Fossilien). Er sagte mit einem Lächeln: «Schaut mal, wie hübsch der Kerl ist mit seinen 540 Millionen Jahren, die er auf dem Buckel hat. Er soll mir helfen, bescheidener zu werden. Wenn ich denke, wie wichtig wir Menschen uns nehmen, mit den paar Jährchen, die wir auf dieser Welt verbringen . . .»

Zur Zeit der alten Römer wurden Ammoniten (Spiralsymbole) in Bettpfosten und Mauern eingebettet — sie sollten Segen, Wohlstand und Glück bringen.

Die Ammoniten sind die Vorfahren der Tintenfische. Bei uns findet man kleine Exemplare zum Beispiel auf dem Weissenstein oder dem Passwang. Diese sind etwa 175 Millionen Jahre alt.

Die sieben Chakras (Energiezentren)

1. Erde
   Sexualplexus
   Basischakra
   Farbe: Rot

2. Wasser
   Nabel-Lymph-Zentrum
   Milz-Darm-Chakra
   Farbe: Orange

3. Feuer
   Solarplexus (Sonnengeflecht)
   Drüsendiagonale
   Farbe: Gelb

4. Luft
   Thymusdrüse

   Herzchakra
   Farbe: Grün

5. Klima
   Schilddrüse
   Hals- oder Kehlchakra
   Farbe: Hellblau

6. Licht
   Hypophyse
   Stirnchakra (drittes Auge)
   Farbe: Blau

7. Äther
   Epiphyse
   Scheitel- oder Kronenchakra
   Farbe: Violett

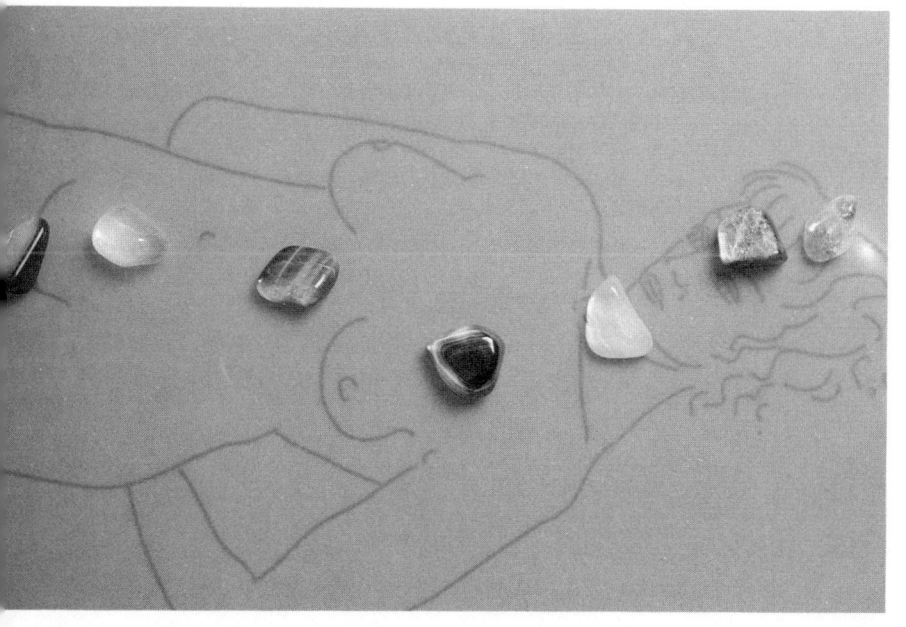

Steine, die zu den sieben Chakras passen

(Die kursiv gedruckten Steine sind die gebräuchlichsten und günstigsten.)

Sexualchakra (rot)

Rubin
Granat
roter Beryll
roter Jaspis
Rhodonit
Rubellit (rosa Turmalin)
Thulit (rot bis purpur)
Tugtupit (rot bis violett)
Koralle
roter Saphir
roter Spinell
roter Zirkon
Alexandrit (rotgrün)

Milzchakra (orange)

Karneol
Feueropal
Hyazinth
Sarder
Spessartit
Grossular
Hessonit
Padparadscha
oranger Spinell
Sonnenstein
oranger Mondstein
Andalusit (grünorange)
Unakit (grünorange)
Titanit
Bernstein

Sonnengeflecht (gelb)

gelber Saphir
Goldberyll
Heliodor (gelbgrün)
Chrysoberyll
gelber Spinell
Edeltopas
gelber Zirkon
gelber Turmalin
Hiddenit
Citrin
Rutilquarz
Tigerauge (gelbbraun)
gelber Jaspis
Moosopal
Pyrit
Prelmit
Brasilianit
gelber Apatit
gelber Fluorit
Bernstein
Pyrit-Sonne

Herzchakra (grün)

Beryll
grüner Saphir (selten)
Chrysoberyll
Alexandrit (grünrot)
grüner Spinell
hellgrüner Topas

grüner Granat (Grossular,
Demantoid, Andradit,
Tsavorit)
grüner Zirkon
Turmalin
Hiddenit
Smaragd
Aventurin
Prasem
Chrysopras
Heliotrop (Blutjaspis)
Moosachat
Opal
Chrysopal
Jade
Peridot
Amazonit
Türkis (blaugrün)
Malachit
Diopsid
Dioptas
Variscit
Fluorit
Chrysocoll (grünblau)
Smaragdit

Halschakra (hellblau)

Saphir
Sternsaphir
Aquamarin
Spinell
blauer Topas
Zirkon
Indigolith
Turmalin
hellblauer Mondstein
Blauquarz (auch Saphirquarz
genannt)
Calcedon
Opal

Tansanit
Cordierit (Jolith oder Wasser-
saphir)
Amazonit (blaugrün)
Türkis (blaugrün)
Chrysocoll (blaugrün)
Labradorit (Mondstein)
heller Lapislazuli
heller Sodalit
Dumortierit
Benitoit
Lazulit (Blauspat)
Apatit
Kyanit (Disthen)
Smithonit

Stirnchakra (blau)

Saphir
Aquamarin
Spinell
Indigolith
Turmalin
Opal
Tansanit
Cordierit
Labradorit
Lapislazuli
Sodalit
Dumortierit
Benitoit
Azurit
Lazulit
blauer Fluorit

Scheitelchakra (violett)

Amethyst
violetter Saphir

Spinell
Turmalin
Charoit
Sugilith
Sogdianit
Thulit
Opal
Tansanit
Fluorit

Zusätzliche Möglichkeiten:

Rosasteine
für das Herzchakra

Rosenquarz
Kunzit
rosa Beryll
rosa Topas

Petalit
rosa Koralle

Schwarze Steine
für Scheitelchakra

Obsidian
Onyx
Enstatit
schwarzer Turmalin
Falkenauge

Steine für die Beine

Onyx
Obsidian
Calcedon
Hämatit

Steine und ihre Wirkung, alphabetisch geordnet

(BLV-Buch dazu verwenden)

Achat: beige, grau, graurosa (z. B. Botswana-Achat): zur allgemeinen Stärkung, gegen Gleichgewichtsstörungen, Epilepsie. Als Platte auf der Brust getragen, schützt er vor negativen Energien. Karneol und roter Jaspis schützen den Sportler.
Gebrauch: als Anhänger, polierter Stein als Handschmeichler oder zum Auflegen, Kette, zum Aufstellen.

Adular (Fundorte auch in der Schweiz): unterstützt die Weiblichkeit, Wachstumsförderung bei Kindern (war schon bei den Kelten bekannt, wo er bei Vollmondritualen verwendet wurde), stärkt das Gefühlsleben (wie der Mondstein), fördert die Intuition.
Gebrauch: als Handschmeichler, zum Aufstellen.

Aktinolith (Fundorte auch in der Schweiz): grüner Strahlstein. Bei Herzermüdung sowie Herzrhythmusstörungen.
Gebrauch: roh zum Aufstellen im Zimmer.

Alaun: schützt, auf die Hausmauer gelegt, gegen Dämone (mittelalterliche Sitte).

Albit (Fundorte auch in der Schweiz): wie Adular.

Alexandrit: der seltenste Edelstein überhaupt und dementsprechend teuer. Alte Vorkommen bald erschöpft.
Herr Rapold, Fa. Gübelin, Bern, sagte mir kürzlich, dass in Brasilien neulich ein grosses Vorkommen entdeckt worden sei. Sensationell an diesem Stein ist sein Farbwechsel: tags grün wie ein Smaragd, bei Kunstlicht rot (oder rotviolett). Ich besitze sogar ein solch seltenes Exemplar aus dem Ural, das tags grün, abends rot und beim Holzfeuer dunkelblau leuchtet. Der Alexandrit ist der ideale Stein für einen «luftigen» Zwilling, er repräsentiert die Dualität.
Alexandrit und sein «Cousin» Chrysoberyll bringen Wohlstand und Glück. Meiner Meinung nach ist der Alexandrit einer der schönsten und besten Steine.

Gebrauch: Anhänger, Ring.
Die meisten Alexandrite, die man in Asien, Ägypten, Mexiko usw. als Souvenir kaufen kann, sind künstliche Spinelle.

Amazonit: Den bläulichgrünen Stein brauchen wir für das Herz- sowie das Halschakra. Der Amazonit wirkt ausgezeichnet bei Depressionen.
Gebrauch: zum Auflegen, als Anhänger, Halskette.

Amethyst: Mit dem Saphir, dem Onyx, Sugilith und dem Lapislazuli zählt man ihn zu den «mystischen» Steinen. Gut gegen Ängste. Der beste Stein für das Scheitelchakra: Intuition, Konzentration, Meditation. Sehr gut auch für Kinder, die Mühe haben, sich in der Schule zu konzentrieren (Anhänger). Der Amethyst hilft bei niedrigem Blutdruck, Blutarmut und Blutkrankheiten. Man kann ihn bei Kopfschmerzen brauchen, da er in der Lage ist, geistige Verspannungen zu lösen.
Einem süchtigen oder psychisch kranken Menschen soll man einen Amethyst schenken (möglichst mit einem schwarzen, grünen oder rosa Turmalin oder einem Sugilith zusammen).
Der Amethyst stärkt den Willen. Er verhilft zu ruhigem Schlaf, da er wie der Rosenquarz entstrahlt.
Gegen niedrigen Blutdruck: einen Amethyst 12 Stunden in einem Glas Wasser ruhenlassen, dann das Wasser trinken. Zweimal wöchentlich wiederholen.
Gebrauch: als Handschmeichler, Anhänger, Halskette, zum Aufstellen.

Andalusit: grün bis rötlich, je nach Lichteinfall. Er ist symbolisch ein ausgezeichneter Stein für das Gleichgewicht, für Herz und Leib; er wird aber selten als Schmuck getragen. Ich finde ihn sehr hübsch und im Preis erschwinglich.
Gebrauch: Fingerring.

Apatit: existiert in den Farben Rosa, Grün und Blau. Den Farben entsprechend gut für Herz und Halschakra. Er wird nur selten als Schmuck getragen.

Aquamarin: grünblau, hellblau. Er ist der «keuscheste» unter den Edelsteinen, wurde im Mittelalter der heiligen Mutter Maria zugesprochen. Er unterstützt die Hellsichtigkeit. Ein wunderbarer Stein für die Nerven und die Lymphdrüsen, gut bei

Blutkrankheiten, wirkt beruhigend. Sehr gut bei Schilddrüsenstörungen.

Schutzstein der Seeleute (Beryll und Aquamarin) oder für Schiffsreisende.

Gebrauch: Halskette, roh als Handschmeichler, Anhänger, Fingerring.

Aventurinquarz: hellgrün. Sehr gut für das Herz (Herzschakra). Wirksam bei Hautunreinheiten, speziell Akne bei Jugendlichen: Den Stein während 12 Stunden in einem Glas Wasser ruhenlassen, anschliessend die unreinen Stellen mit diesem magnetisierten Wasser waschen.

Gebrauch: roh zum Aufstellen, als Anhänger, Halskette, poliert zum Auflegen oder als Handschmeichler.

Azurit: schöne, tiefblaue Farbe. Er ist sehr spröde. Hervorragend für das Stirnchakra, er öffnet das dritte Auge. Unterstützt nach Operationen die Heilung. Hilft psychische Blockaden und Spannungen lösen. Kann für alle Chakras verwendet werden. Für Meditation.

Gebrauch: roh zum Auflegen oder zum Aufstellen.

Baumstein (Baumachat): Calcedon mit Manganeiseneinschlüssen, die aussehen wie Bäume oder Farne. Glücksstein für Gärtner, Förster, Bauern (wie Moosachat). Beruhigt, erdet, gut für die Nieren.

Gebrauch: poliert zum Auflegen oder als Handschmeichler, Anhänger.

Bergkristall: Er ist der «heiligste» unter den Schmucksteinen. Hilft heilen durch Reharmonisierung. Er fördert die Hellsichtigkeit, Intuition und Meditation (Kristallkugel). Indianer und Tibeter brauchen den Bergkristall seit Urzeiten für ihre religiösen Zeremonielle.

Ein kleiner, regelmässig gewachsener Kristall ist der beste Pendel. Beim Auflegen löst er blockierte Energien. Will man die sieben Regenbogensteine auf die Energiezentren auflegen, sollte man die Chakras vorher 20 Minuten mit dem Bergkristall harmonisieren. Legt man den Stein auf die Augen, stärkt er die Sehnerven. Gegen Stresskopfschmerzen auf Stirn und Nacken legen. Man kann ihn überhaupt gegen alle Übel brauchen, auch gegen negative Energien.

Ein schöner Bergkristallzapfen oder eine -gruppe baut ein gutes, starkes Energiefeld im Haus auf (noch stärker zusammen mit dem Amethyst).
Gebrauch: kleiner Zapfen als Handschmeichler, für die Tasche, zum Auflegen, poliert oder geschliffen als Schmuck, Gruppe zum Aufstellen.

Bernstein: siehe Seite 25.

Bernsteinpulver: einnehmen gegen Infektionen und Furunkeln.

Beryll: durchsichtig weiss, rosa, gelb, grün. Das Wort Brille stammt buchstäblich vom Beryll ab. Man fand zur Zeit Neros weisse Berylle auf Elba und schliff diese als Augengläser, um die Gladiatorenkämpfe besser beobachten zu können. Nero selbst soll ein solches Augenglas besessen haben.
Gut gegen Augenkrankheiten, Epilepsie, schützt die Seeleute.
Gebrauch: roh für die Hand und die Tasche, zum Auflegen, alle Farben für Augen, grün für das Herz, als Schmuck.

Blende (Zinkblende, Sphalenit): ein Mineral, das auch geschliffen werden kann. Sehr guter Schutz gegen negative Energien.

Blutjaspis (Heliotrop): grüner Jaspis mit roten Punkten. Man nennt ihn auch «Jesusstein». Stein der Kreuzritter (mit dem Karfunkel). Ein Kreuzritter ging mit einem Karfunkel, der ihm helfen sollte, das Grab Christi zu finden, und einem Blutjaspis, der symbolisch das Blut Christi darstellte, auf Kreuzzüge.
Wir brauchen diesen Stein für das Herzchakra. Er hilft sehr gut bei Blasenentzündung, 20 Minuten auflegen.
Gebrauch: Barockstein für die Hand oder die Tasche, zum Auflegen, als Schmuck, roh oder poliert (z. B. bei Herzkrankheiten), zum Aufstellen auf dem Arbeitstisch.

Blutstein (Hämatit): grau-metallisch. Hilft bei Blutarmut, Nierenkrankheiten, schützt gegen negative Energien, hilft bei Blutstauungen, Krampfadern (Beinband oder zum Auflegen), gegen Blutarmut als Kette oder Anhänger tragen oder 12 Stunden ins Wasser legen, am Morgen das Wasser in nüchternen Magen trinken.

Brasilianit: strahlendschöner gelber Edelstein, sehr gut für Nerven und Sonnengeflecht.
Gebrauch: natur oder poliert zum Auflegen oder als Schmuck.

Chalcedon (Calcedon): hellblau, weiss. Einer der besten Steine für das Halschakra, die Mandeln, die Stimme, den Ausdruck. Hilft bei Lymphdrüsenerkrankung. Man nennt ihn auch Milchstein, weil er jungen Müttern beim Stillen hilft. Er ist dem Mond zugeordnet und macht empfindsam.
Gebrauch: poliert für die Hand oder die Tasche, zum Auflegen, als Schmuck.

Chrysoberyll: gelbgrün. Speziell das Chrysoberyll-Katzenauge ist bekannt, allerdings ist es sehr teuer, weil selten. Sehr gut für die Nerven, die Lungen, das Sonnengeflecht. Soll Wohlstand bringen.

Chrysocoll: blaugrün. Starke allgemeine Heilkräfte. Hilft Hals, Herz, Lungen. Gut für Toleranz, Geduld, Nerven, Harmonie.
Gebrauch: poliert für die Hand oder die Tasche, zum Auflegen, als Schmuck, roh gut zum Aufstellen.

Chrysolith (Peridot, Olivin): durchsichtig hellgrün. Für Hellsichtigkeit, gegen Melancholie, Herzschmerzen, Erkrankungen der Eingeweide. Sehr wirksam bei Ekzemen, Geschwülsten: einen kleinen Chrysolith zwei Wochen in einem Glas Olivenöl ruhenlassen. Den Stein herausnehmen und waschen und ihn zwei Wochen später wieder in Olivenöl einlegen. Kranke Stellen mit dem Öl betupfen (zusätzlich eine Bernsteinkette tragen).
Gebrauch: poliert zum Auflegen, für das Ölrezept, als Schmuck.

Chrysopras: apfelgrün. Gegen Blutungen, guter Schutz gegen schwarze Magie. Gibt Ruhe und Harmonie, für das müde und kranke Herz, sehr gut für die Drüsen.
Gebrauch: poliert für die Hand, die Tasche, zum Auflegen, zum Aufstellen, als Schmuck.

Citrin: hellgelber Quarz. Gehört zum Sonnengeflecht. Ich brauche ihn oft bei Schülern gegen mangelnde Konzentration. Gut für die Drüsen, wirkt stark antidepressiv, Antistress. Bei

Magen- und Verdauungsbeschwerden sowie Nervosität regelmässig auf das Sonnengeflecht legen (zusammen mit dem rotbraunen Jaspis).
Gebrauch: poliert für die Hand oder die Tasche, zum Auflegen, zum Aufstellen, als Schmuck.

Cordierit (Jolith, Wassersaphir): durchsichtig hellblau. Sehr gut für die Intuition, Stirn, Halschakra, Schilddrüsen, Drüsen allgemein. Ich brauche diesen Stein auch bei Gleichgewichtsstörungen zum Stabilisieren. Die alten Vikinger verwendeten den Cordierit als «Kompass». Man drehte ihn, bis eine helle Linie im Stein sichtbar wurde. Das war dann Norden.
Gebrauch: wird vor allem zu feinen Halsketten verarbeitet.

Cyanit (Kyanit, Disthen): hellblaues Mineral. Für das Halschakra (Fundorte im Tessin).
Gebrauch: roh zum Auflegen oder zum Aufstellen.

Diamant: Der König der Edelsteine hat sehr starke Heilkräfte. Ausserdem ist er der stärkste Glücksstein (tragen), schützt gegen negative Schwingungen und gegen Alpträume.
Wir brauchen ihn als kleines Rohstück zum Heilen: Den Rohdiamanten in einem Glas Wasser 12 Stunden lang ruhenlassen (über Nacht). Morgens dieses Wasser als Stärkungsmittel trinken (auch sehr gut gegen Gicht und Leberkrankheiten).
Gebrauch: roh für das Wasser, geschliffen als Schmuck.

Dioptas: smaragdgrünes Kupfermineral, sehr empfindlich. Sehr gut für das Herzchakra (auflegen), verhilft auch zu innerem Gleichgewicht. Gibt Herzwärme und Verständnis (alle rosa und grünen Steine, die der Venus gewidmet sind, sind ausgezeichnet für Herz und Freundschaft).

Dumortierit: tiefblauer, nicht sehr bekannter Schmuckstein. Wirkt sehr gut auf Stirn, Hals, Schilddrüse, Intuition.
Gebrauch: poliert zum Auflegen, als Schmuck.

Edeltopas: weiss, rosa, braun, hellblau, gelborange (fälschlich Goldtopas genannt). Wir brauchen vor allem den gelborangen Edeltopas, um das Sonnengeflecht aufzuladen. Bei Nervosität, Stress, Energiemangel und Schlaflosigkeit den Edeltopas 12

Stunden in einem Glas Wasser ruhenlassen. Dieses magneti-
sierte Wasser am Abend vor dem Schlafengehen trinken.
Der blaue Edeltopas ist hervorragend für das Halschakra: Drü-
sen, Nervosität, Stimme. Gibt dem Künstler schöpferischen
Geist. Sehr gut für Sänger(innen), Musiker(innen) und Ma-
ler(innen). Tragen oder 20 Minuten auflegen.
Gebrauch: Naturstück zum Auflegen, für das Wasserrezept, als
Schmuck.

Enstatit: Bei uns ist vor allem der Sternenstatit, fast schwarz
mit einem Stern, bekannt. Er schützt gegen negative Energien,
hilft bei der Meditation und bei Hellsichtigkeit.
Gebrauch: als Schmuck.

Falkenauge: dunkle Varietät des Tigerauges. Schützt gegen
negative Energien, hilft den müden Augen (auflegen oder tragen).
Gebrauch: poliert für die Hand oder die Tasche, zum Auflegen, als Schmuck.

Feueropal: orange mit regenbogenfarbigen Reflexen. Wurde
durch die Indianerastrologie bekannt. Ein hübscher Stein.
Gibt Wärme und Energie. Er ist gut für das Sonnengeflecht
und das Milzchakra. Tragen oder auflegen (auch den Feuerachat).
Gebrauch: geschliffen für die Hand oder die Tasche, als
Schmuck.

Fluorit: blauviolett, gelb, weiss. Er ist gut für den Verstand,
die Hirnstämme, zur Meditation. Gut zum Aufstelllen am Ar-
beitsplatz. Hervorragend zum Entstrahlen.

Gagat (Jet): ist eigentlich eine Kohle, früher meist für Trauer-
schmuck benutzt. Heute wird er noch von den «Frères blancs»
in Afrika gegen den «bösen Blick» sowie gegen Skorpion- und
Schlangenbisse gebraucht.

Granat (Karfunkel): dunkelrot. Er hilft bei schlechter Blutzir-
kulation, Gedächtnisschwäche, Abszessen (Furunkeln), Entzündungen. Gut für das Gehirn, das Herz, den Kreislauf. Ein
heiliger Stein, der zusammen mit dem Heliotrop von den
Kreuzrittern auf ihre Kreuzzüge mitgenommen wurde.

Gebrauch: roh zum Aufstellen oder zum Auflegen, als Schmuck.

Heliotrop: siehe Blutjaspis.

Hiddenit: gelbgrüner oder grüner Edelstein (Spodumenfamilie wie der Kunzit). Sehr gut für das psychische und physische Gleichgewicht und für das Herzchakra.
Gebrauch: als Schmuck.

Indigolith: indigoblauer Turmalin, selten. Der beste Stein für das Stirnchakra.

Jade (Nephrit und Jadeit): grün, rosa. Die Chinesen verehren ihn als Stein des Himmels, der Weisheit, Gerechtigkeit.
Sie haben wahrscheinlich schon runde Jadescheiben mit einem Loch in der Mitte gesehen. Man nennt sie Pi: Der Jade symbolisiert den Himmel, das Loch die Blitze vom Himmel. Wenn ich eine solche «Pi» anschaue (aus Jade, Lapis oder Türkis), muss ich unwillkürlich an unser Ozonloch denken.
Der Jade wirkt blutstillend, daher wird er bei der Geburt getragen. Ein Stück Jade, auf die Stirn gelegt, senkt das Fieber. Wir brauchen diesen Stein seit Jahren mit Erfolg bei Nierenkrankheiten: Jeden Abend 20 Minuten lang ein Stück Jade auf beide Nieren legen. Zusätzlich ein Stück Jade während 12 Stunden in einem Glas Wasser ruhenlassen, dann dieses magnetisierte Wasser trinken (mit Vorteil morgens). Eignet sich sehr gut für Hunde und Katzen.
Gebrauch: poliert für die Hand oder die Tasche, zum Auflegen, für das Wasserrezept, als Schmuck.

Jaspis grün: siehe Blutjaspis.

Jaspis rot: sehr starker Energiestein, auf das Sexualchakra legen, als Handschmeichler oder bei Erschöpfung als Schmuck tragen. Glücksstein für weite Reisen.
Gebrauch: poliert für die Hand oder die Tasche, zum Auflegen, als Schmuck.

Jaspis rotbraun: beste Hilfe bei Verdauungsstörungen: auf Leber, Milz, Bauchspeicheldrüse auflegen. Bei Verstopfung einen rotbraunen Jaspis 12 Stunden lang in einem Glas Wasser ruhenlassen, das Wasser morgens nüchtern trinken. Zweimal wöchentlich getrunken, wirkt dieses magnetisierte Wasser Wunder; die Einnahme ist unbedenklich.

Karneol: orangebraun. Sehr gut für die Verdauung, das Milzchakra, den weiblichen Unterleib. Bei Unterleibsbeschwerden den Stein 20 Minuten auflegen (auch bei Schwangerschaft). So sind sogar schon Eileiterzysten verschwunden.
Gebrauch: poliert für die Hand oder die Tasche, zum Auflegen, für das Wasserrezept, als Schmuck.

Katzenauge: Das bekannteste (und auch das teuerste) unter ihnen ist das Chrysoberyll-Katzenauge. Es ist gut für das Sonnengeflecht, die Bronchien, gegen Asthma und bringt Wohlstand. Es gibt auch Turmalin-Katzenaugen, Quarz-Katzenaugen usw.

Katzengold: siehe Pyrit.

Koralle: rot, orange, rosa, weiss. Als Schmuck getragen, schützt sie vor negativen Energien. Die rote Koralle ist gut für die Schilddrüsen, Kalkmangel und Blutmangel (tragen).
Gebrauch: als Schmuck.

Koralle schwarz: wirkt gegen negative Energien, guter Schutz auf Reisen.

Kunzit: rosaviolett. Die New-Age-Bewegung hat verschiedene Steine entdeckt, darunter diesen rosavioletten Kunzit (Spodumenfamilie wie der Hiddenit). Er hilft das Gleichgewicht zwischen Verstand und Herz herzustellen. Er gibt dem Herzen Freude und Harmonie.
Gebrauch: natur oder geschliffen zum Tragen oder zum Auflegen.

Lapislazuli: wunderschöner dunkelblauer Stein, der bei den alten Ägyptern sehr beliebt war. Er ist sehr gut für das Hals- und das Stirnchakra, die Drüsen, die Schilddrüsen, zur Meditation und für die Intuition. Der Lapislazuli harmonisiert den Blutdruck.
Gebrauch: roh oder poliert zum Aufstellen oder zum Auflegen, als Schmuck.

Magnetit: gibt Kraft und Mut. Die Assyrer massierten ihren Körper mit Öl ein, in dem ein Magnetit lag, was ihre Manneskraft stärken sollte.

Malachit: kupfergrüner Schmuckstein. Er hilft gegen Urängste, Herzschmerzen und -leiden, Liebeskummer, Rheuma, Asthma.
Gebrauch: roh oder poliert zum Aufstellen oder zum Auflegen, als Schmuck.

Meteoriten: sind kosmische Körper. Durch die Atmosphäre geflogen, sind sie auf unserer Erde aufgeprallt. Stein-, Glas- und Eisenmeteoriten sind besonders kraftspendend. Leider findet man sie nur selten.

Mondstein: weiss, orange, graublau. (Adular und Labradorit gehören auch zum Mondstein). Sehr gut für das Wachstum, hilft bei Knochenbrüchen zu schneller Heilung. Fördert die Intuition, Meditation, Feinfühligkeit, ist gut für die Weiblichkeit.
Gebrauch: geschliffen als Schmuck.

Moosachat: durchsichtig mit grünen Einschlüssen. Er erdet und beruhigt, ist gut für Nieren und Herz. Der Moosachat ist der Glücksstein der Bauern, Gärtner, Förster und aller Naturliebhaber.
Gebrauch: poliert für die Hand oder die Tasche, zum Aufstellen oder zum Auflegen, als Schmuck.

Morganit (rosa Beryll): relativ selten. Einer der besten Steine für die Hellsichtigkeit. Im Mittelalter wurde er oft als Orakel gebraucht. Wunderbar für Herz und Gefühle.
Gebrauch: geschliffen als Schmuck.

Moosopal: gelber Schmuckstein, der nicht opalisiert. Er ist sehr gut für Sonnengeflecht, Nerven, Pankreas, Milz und Leber.
Gebrauch: poliert für die Hand oder die Tasche, zum Auflegen.

Obsidian: schwarz. Er wirkt günstig auf die Knochen und ist gut für den Rücken. Zusammen mit einem Bergkristall schützt er vor negativen Energien und unterstützt die Hellsichtigkeit.

Gebrauch: poliert für die Hand oder die Tasche, zum Auflegen oder zum Aufstellen, als Schmuck.

Opal: ein Glücksstein für alle, da er alle sieben Farben des Kosmos in sich vereinigt. Er ist gut für den Magen, das Herz, die Verdauung und die Seele. Der Stein für Musiker und Künstler: sieben Töne, sieben Farben.
Als Schmuck getragen, wirkt er auf alle Chakras harmonisierend.

Onyx: schwarz. Legt man ihn auf das Scheitelchakra, fördert er die Durchblutung und kann das Gehör verbessern. Er hilft nach Tumoroperationen und schützt gegen negative Energien.
Gebrauch: poliert für die Hand oder die Tasche, zum Auflegen, als Schmuck.

Petalit: rosafarbener Schmuckstein. Er hat sehr starke Herzschwingungen und stärkt das Immunsystem.
Gebrauch: poliert zum Auflegen oder zum Tragen.

Purpurit: purpurfarbenes Mineral. New-Age-Stein. Gut für Herz, Verstand, geistige Entwicklung. Auflegen: Scheitelchakra. Hilft bei der Meditation.
Gebrauch: natur zum Auflegen oder zum Aufstellen.

Pyrit (Katzengold): goldfarbig. Er ist gut für die Bronchien und das Sonnengeflecht.
Gebrauch: natur zum Auflegen oder zum Aufstellen.

Pyrit-Achat: grau mit goldenen Einschlüssen. Gut für die Bronchien, das Sonnengeflecht, die Nerven und die Verdauung.
Gebrauch: poliert für die Hand oder die Tasche, zum Auflegen oder zum Aufstellen, als Anhänger.

Pyrit-Sonne: goldfarbig. Es gibt selten einen Stein, der so viel Energie ausstrahlt wie diese Sonne. Sie stammt aus Illinois, USA, und wird in Kohlengruben in Schieferplatten gefunden. Sie ist etwa 250 bis 300 Millionen Jahre alt.
Ich entdeckte ihre Wirkung bei der Behandlung eines Kunden aus Basel: Auf das Sonnengeflecht (auch das Herz) gelegt, lädt

sie Sonnenenergie auf, beruhigt, entstresst. Sie ist sehr gut für den sauren Magen und für strapazierte Nerven. Auch sehr gut für den Rücken.
Gebrauch: natur zum Auflegen oder zum Aufstellen.

Rauchquarz: braun, durchsichtig. Kann wie der Bergkristall gebraucht werden, zudem wirkt er auf das Milzchakra und die Ausscheidungsorgane.

Rhodochrosit: altrosa. Ein heiliger Stein bei den Inkas. Ein guter Stein bei Hautallergien und Gesichtsrose. Schützt vor negativen Einflüssen und Verleumdung (als Schutz an die Tür kleben). Ein speziell lieber Stein für das Herzchakra.
Gebrauch: poliert zum Auflegen oder zum Tragen als Schmuck.

Rhodonit: altrosa mit Schwarz. Er ist der Mut- und Prüfungsstein. Er hilft bei Ängsten, gibt Selbstvertrauen. Gut für das Herz- und das Sexualchakra.
Gebrauch: poliert zum Auflegen oder zum Aufstellen, als Schmuck.

Rosenquarz: rosa. Ein sehr gut wirkender Stein bei Depressionen. Gut für das Herz und als Schlafhilfe: Einen etwa eine halbe Faust grossen Rosenquarz etwa 80 Zentimeter vom Bett entfernt auf den Boden legen. Einmal wöchentlich unter kaltem Wasser entladen. Bringt ruhigen Schlaf und nimmt auch Gliederschmerzen (siehe Kapitel «Rosenquarz, Seite 22).
Schützt auch vor Computer- und Fernsehstrahlen. Einfach den Quarz auf das Gerät oder daneben stellen. Er ist auch ein Stein der Freundschaft.
Gebrauch: poliert für die Hand oder die Tasche, zum Auflegen oder zum Aufstellen, als Schmuck.

Rubin: rot. Einer der stärksten Edelsteine für das Herz, den Kreislauf, das Sexualchakra, bei zu niedrigem Blutdruck. Er ist der Stein der Leidenschaft.
Gebrauch: roh für die Hand oder die Tasche, zum Auflegen, geschliffen als Schmuck.

Rutilquarz: Quarz mit Titanoxid. Sehr gut bei Gleichgewichtsstörungen, Bronchitis, Asthma, Epilepsie.
Gebrauch: poliert zum Auflegen, als Anhänger, als Schmuck.

Ryolith oder Regenwaldjaspis: Gut für Herz, Harmonie, Blase.
Gebrauch: poliert für Hand oder Tasche, zum Auflegen, als Schmuck.

Saphir: blauer Edelstein. Der beste Stein für die Nerven, die Schilddrüsen, das dritte Auge, die Mystik, wirkt beruhigend. Sehr gut für die Augen. Für den Choleriker ist der Sternsaphir ausgezeichnet.
Er ist der Stein der Treue, Klugheit, Vernunft.
Gebrauch: geschliffen als Schmuck, zum Auflegen.

Smaragd: grün. Der Stein der obersten Harmonie. Wirkt bei psychischen und physischen Gleichgewichtsstörungen, hervorragend bei Schilddrüsenstörungen, Herzkrankheiten, multiple Sklerose, Parkinson-Krankheit, Epilepsie. Leider ist er sehr teuer. Zum Stärken der Augen kann man zwei ganz kleine Smaragde an die Brille kleben. Die Steinschleifer wuschen früher ihre entzündeten Augen mit Smaragdwasser.
Der Smaragd normalisiert den Blutdruck, hilft bei Gefühlsproblemen, fördert die Intuition. Wie seine Geschwister Beryll und Aquamarin hilft er in die Zukunft zu sehen. Der Glücksstein für Künstler, Musiker (Harmonie), der Stein des Arztes. Königskinder trugen früher einen Smaragd zum Schutz gegen Epilepsie.
Gebrauch: kleine Splitter zum Auflegen, als Splitterkette oder geschliffen als Schmuck.

Sodalit: dunkelblauer Schmuckstein. Sehr gut gegen zu hohen Blutdruck. Er beruhigt den Choleriker. Wirkt ausgezeichnet auf Hals und Stirnchakra, Schilddrüsen, Drüsen, zur Intuition, beruhigt die Nerven, harmonisiert.
Gebrauch: poliert für die Hand oder die Tasche, zum Auflegen, zum Aufstellen, als Schmuck.

Steinsalz: wurde früher den Göttern geopfert, um die Dämonen wegzujagen. Salz wird dem Gast noch heute bei vielen Völkern zusammen mit Brot gereicht als Zeichen der Gastfreundschaft.

Sugilith: purpurviolett. Letzthin in Südafrika entdeckter Schmuckstein. New-Age-Wassermann-Zeitalter-Stein. Den Su-

gilith kann man für alle Chakras benützen. Er hilft bei einem Neuanfang im geistigen Sinn, er stärkt das Immunsystem.
Gebrauch: geschliffen zum Auflegen oder als Schmuck.

Thulit: roter Schmuckstein. Er ist noch nicht sehr bekannt, ist aber sehr gut für die Mystik, das Herz und das Immunsystem.
Gebrauch: poliert für die Hand oder die Tasche, zum Auflegen, als Schmuck.

Tigerauge: braun mit gelben Reflexen. Ein Glücksstein, speziell gut für das Sonnengeflecht, die Bronchien, das Milzchakra.
Gebrauch: poliert zum Auflegen, für die Hand oder die Tasche, als Schmuck.

Türkis: sehr starke allgemeine Heilkräfte. Er war bei den Indianern und den Altchinesen sehr geschätzt. Der Türkis sollte Pferd und Reiter vor bösen Stürzen bewahren, weshalb wir ihn jetzt bei uns tragen, wenn wir fliegen. Der Beschützer für Piloten und Flugpersonal. Der Türkis wirkt auf Hals-, Herz- und Stirnchakra.
Ich brauche ihn vor allem gegen Depressionen wegen seiner «fröhlichen» Ausstrahlung.
Gebrauch: natur für die Hand oder die Tasche, zum Auflegen, als Schmuck.

Turmalin: der beste Stein gegen Gleichgewichtsstörungen physischer und psychischer Natur, multiple Sklerose, Parkinson-Krankheit, Epilepsie, Depressionen, Nervosität (siehe separaten Abschnitt Seite 24).

Turmalin in Quarz: in durchsichtigem Bergkristall gewachsene schwarze Turmaline. Er wurde mir von meinem «Beratergeist» empfohlen für einen Neuanfang z. B. nach einer Trennung, einem Todesfall usw. Der schwarze Turmalin hilft Schweres «verdauen», der Bergkristall verhilft zu einem neuen harmonischen Start.
Gebrauch: poliert für die Hand oder die Tasche, als Schmuck.

Unakit: Epidot mit rosa Feldspat. Ein zauberhafter Schmuckstein, gut für das Gleichgewicht, das Herz, die Verdauung.
Gebrauch: poliert zum Auflegen, als Schmuck.

Zirkon: kann verschiedene Farben haben, aber zum Heilen brauchen wir in erster Linie den rotbraunen Hyazinth, er eignet sich am besten. Gut gegen Allergien, für das Sonnengeflecht, die Bronchien, die Milz, die Leber, die Bauchspeicheldrüse, gegen Asthma, Gicht.
Gebrauch: natur zum Auflegen, geschliffen als Schmuck.

Immer wieder betone ich, dass die Steine selbst nicht direkt heilen, sie laden unser Energiefeld auf.
Für die meisten Krankheiten brauchen wir einen Arzt, einen Homöopathen, für die Tiere einen Veterinär.
Die Steine sind eine positive Hilfe, eine Unterstützung bei der Behandlung eines Leidens. Auch die Autosuggestion spielt beim Bestreben, wieder gesund zu werden, eine grosse Rolle.

Register der Krankheiten und Beschwerden

Abszess: Bernstein auflegen oder tragen (evtl. Rosenquarz, Granat).

Aids: Bernstein, Aquamarin, Turmalin, Hämatit, Petalit, Thulit, Sugilith, Charoit, (stärken des Immunsystems) tragen.

Akne: Aventurin tragen oder mit Aventurinwasser waschen.

Alkoholiker: Amethyst, Turmalin in Quarz oder Sugilith tragen oder als Handschmeichler.

Allergie (Ekzem, Heuschnupfen, Tierhaarallergie): Bernstein, Olivin (evtl. zusätzlich Hyazinth, Unakit, Rutil, Türkis) tragen.

Alzheimer Krankheit: Turmalin, Onyx, Sugilith tragen.

Anämie: Amethyst, Aquamarin, Hämatit tragen.

Angina: Calcedon, Aquamarin, Türkis, blauer Topas, Cordierit auf den Hals legen oder tragen.

Angina pectoris: Rosenquarz und/oder grünen Jaspis auflegen.

Angriffslustigkeit: Sodalit auf Stirn und Hals legen, Sternsaphir tragen oder als Handschmeichler.

Angstzustände: Turmalin, Türkis, Malachit, Rhodonit tragen oder auf Herzchakra legen.

Antidepressiv: Smaragd, Turmalin, Türkis, Lapislazuli, Granat, Rosenquarz, Tigerauge, Olivin.

Aphten: Bernstein tragen oder mit Bernsteinwasser spülen.

Arterienverkalkung, Arteriosklerose: Turmalin, Bernstein, Granat, Onyx tragen.

Arthritis: Bernstein (evtl. mit Malachit) tragen.

Arthrose: Bernstein (evtl. mit Malachit) tragen.

Asthma: Bernstein (evtl. mit Rutilquarz, Malachit, Türkis oder Amethyst) tragen.

Atembeschwerden: Bernstein (evtl. mit Turmalin, Türkis, Malachit, Rutilquarz) tragen.

Augen: stärken, Bergkristall, Falkenauge, Smaragd 20 Minuten auflegen (Smaragd auf Brillenbügel kleben).

Augenentzündung: Bergkristall auflegen, mit Onyx- oder Smaragdwasser waschen.

Aura: Energiefeld aufladen mit sieben Regenbogensteinen. Von unten nach oben auf die sieben Chakras legen: z. B. roten Jaspis, Karneol, Citrin, Aventurin, Calcedon, Sodalit, Amethyst. Natürlich können auch andere Steine verwendet werden, wobei auf die Farben zu achten ist. (Ausführliches Kapitel s. Seite 34.)

Alpträume: Rosenquarz neben das Bett stellen, Malachit und Rosenquarz auf das Herzchakra legen.

Basedow: Sodalit, Aquamarin, Calcedon, Smaragd, Lapislazuli, Jolith, Cordierit, blauen Topas tragen oder auflegen.

Bauchschmerzen:
– Angst: Malachit tragen.
– Verdauung: Karneol, rotbraunen Jaspis, Citrin, Moosopal, Rauchquarz 20 Minuten auflegen.
– weibliche Unterleibsbeschwerden: Karneol, Feuerachat, Feueropal auflegen.

Bauchspeicheldrüsenentzündung: rotbraunen Jaspis jeden Abend 20 Minuten auflegen, evtl. auch tragen (auch Citrin, Pyrit-Sonne, Rosenquarz, Feuerachat, Feueropal, Moosopal).

Beine, geschwollen: Hämatit, Calcedon, Bernstein in Beinband tragen.

Beruhigen: Aquamarin, Calcedon, Saphir, Cordierit, Sternsaphir, Sodalit, Lapislazuli, blauen Topas auflegen oder tragen.

Bettnässen: persönliche Steine, nach dem eigenen Horoskop berechnet, tragen und einen Rosenquarz, etwa eine halbe Faust gross, etwa 80 Zentimeter vom Bett entfernt auf den Boden legen, einmal pro Woche unter fliessendem kaltem Wasser entladen.

Bewegungs- und Gleichgewichtsstörungen: Turmalin tragen, evtl. auch Rutil, Achat oder Smaragd.

Blähungen: jeden Abend 20 Minuten lang einen Citrin auf das Sonnengeflecht und einen rotbraunen Jaspis auf das Milzchakra legen (anstelle des Citrins kann auch eine Pyrit-Sonne verwendet werden).

Blasenentzündung: jeden Abend einen Heliotrop während 20 Minuten auf die Blase legen.

Blutarmut: s. Anämie.

Blutdruck:
– zu hoch: Sodalit tragen als Kette oder jeden Abend 20 Minuten lang auf Hals- und Stirnchakra legen. Noch besser: wenn möglich nach jeder Mahlzeit während 20 Minuten auflegen (auch Lapislazuli, Jolith oder Saphir).
– zu tief: einen Rubin auf sich tragen oder Granatkette tragen.

Blutkrebs: Turmalin tragen (evtl. zusätzlich Hämatit, Sugilith, Charoit, Petalit, Thulit, Granat oder Rubin).

Blutzucker: jeden Abend einen rotbraunen Jaspis während 20 Minuten auf die Bauchspeicheldrüse legen. Zweimal pro Woche den rotbraunen Jaspis am Abend in ein Glas Wasser legen, am Morgen dieses magnetisierte Wasser nüchtern trinken.

Böser Blick: als Schutz Onyx, schwarzer Turmalin, Bernstein, schwarze Koralle, Chrysopras, Rhodochrosit, Achat, roter Jaspis, Türkis. Als Handschmeichler.

Böses (gegen das Böse): Onyx, schwarzer Turmalin, Bernstein, Chrysopras, Rhodochrosit, Achat, roter Jaspis, Türkis.

Bronchialasthma: Bernstein tragen, evtl. mit Rutilquarz, Amethyst, Türkis oder Malachit gemischt. Regelmässig eine Pyrit-Sonne auflegen.

Bronchitis: Bernstein tragen, gemischt mit Rutilquarz, evtl. Türkis oder Malachit. Regelmässig eine Pyrit-Sonne auflegen.

Brustdrüsenentzündung: Calcedon, Bernstein, Aquamarin, blauen oder gelben Topas, Turmalin tragen oder auflegen.

Brustkrebs: Turmalinkette tragen oder schwarzen Turmalin regelmässig auflegen (evtl. Aquamarin, Calcedon).

Choleriker: wird beruhigt mit Sodalit, Lapislazuli, blauem Topas, Sternsaphir.

Colitis (Dickdarmentzündung): rotbraunen Jaspis, wenn möglich nach jeder Mahlzeit, auflegen (evtl. mit Rauchquarz und Karneol).

Crohn-Krankheit: alle sieben Energiezentren (Chakras) mit den sieben Regenbogensteinen aufladen. Sooft wie möglich zusätzlich rotbraunen Jaspis auflegen oder tragen (evtl. mit Turmalin).

Darmkrebs: regelmässig die sieben Energiezentren mit den sieben Regenbogensteinen aufladen. Zusätzlich möglichst oft rotbraunen Jaspis mit schwarzem Turmalin auflegen oder tragen (auch Moosopal).

Denken: alle Steine für das dritte Auge, Azurit, Sodalit, Lapislazuli, Indigolith, Cordierit.

Diabetes: jeden Abend Citrin (oder Pyrit-Sonne) 20 Minuten lang auf das Sonnengeflecht und rotbraunen Jaspis (auch Moosopal) mit Karneol auf die Bauchspeicheldrüse legen.

Depressionen: am besten eine Turmalinkette allein oder zusammen mit einem Türkis, Citrin, Lapislazuli, Granat, Olivin, Rosenquarz tragen.

Drittes Auge stärken: Azurit, Lapislazuli oder Sodalit auflegen.

Drüsenentzündung: Aquamarin, Turmalin, Calcedon, gelben oder blauen Topas auflegen oder tragen.

Dünndarmentzündung: jeden Abend während 20 Minuten rotbraunen Jaspis, Turmalin und Rauchquarz (auch Moosopal) auflegen.

Durchblutungsstörungen: Bernstein oder Turmalin tragen (oder beide kombiniert), Granat, Rubin, roten Jaspis.

Dystonie vegetativ: Turmalin oder Smaragd tragen, Rosenquarz regelmässig 20 Minuten lang auf Herzchakra legen, evtl. Rosenquarz neben das Bett stellen zum Entstrahlen.

Eierstockentzündung: möglichst oft zwei Karneole während 20 Minuten auf die Eierstöcke legen (evtl. mit Rosenquarz).

Eierstockgeschwulst: Karneol mit schwarzem Turmalin jeden Abend während 20 Minuten auflegen.

Eileiterentzündung: Karneol auflegen (evtl. mit Rosenquarz).

Emotionen (ausgleichen): Mondstein, Calcedon, Chrysocoll, Kunzit, Morganit tragen.

Entbindung: bei der Entbindung trägt die werdende Mutter (auch während der Schwangerschaft) einen Karneol und einen Jade. Karneol gehört zum weiblichen Unterleib und symbolisiert die fruchtbare Kraft der Erde, Jade ist der Stein des Himmels (China) und der Weisheit und hilft zusätzlich gegen Blutungen (anstelle des Jade kann auch der Chrysopras benützt werden).

Epilepsie: Turmalinkette tragen (auch Achat, Rutil).

Erdstrahlen: neutralisieren und ableiten am besten mit Rosenquarz. Bei Schlafstörungen legt man z. B. einen Rosenquarz, etwa eine halbe Faust gross, 80 Zentimeter vom Bett entfernt auf den Boden. Jede Woche unter fliessendem kaltem Wasser entladen. Man kann auch Wohnungen, Häuser, Stallungen usw. mit dem Rosenquarz entstrahlen.

Erschöpfung: Turmalinkette tragen (evtl. kombiniert mit Granat, rotem Jaspis, Edeltopas, Aquamarin).

Ertaubung: Onyx auf das Scheitelchakra legen (durchblutet das Innenohr).

Erysipel (Rose, Wundrose): Bernstein tragen (evtl. mit Turmalin).

Fieber: Bernstein tragen.

Fischschuppenkrankheit: Bernstein mit Turmalin tragen, kranke Stellen jeden Abend mit Olivenöl, in dem während zweier Wochen ein paar Peridote lagen, betupfen.

Flechte: Bernstein mit Turmalin tragen, kranke Stellen jeden Abend mit Olivenöl, in dem während zweier Wochen ein paar Peridote lagen, betupfen.

Föhnkrankheit: Bernsteinanhänger auf Brusthöhe tragen oder Bernsteinkette.

Frauenleiden: Karneol und Malachit auflegen.

Furunkel: Bernstein auflegen, auch Granat.

Gallenblasenentzündung: rotbraunen Jaspis mit Rosenquarz oder Moosopal oder Unakit auflegen.

Gallenkolik: Peridot oder rotbraunen Jaspis mit Rosenquarz oder Moosopal oder Unakit auflegen.

Gastritis: regelmässig die sieben Chakras mit den sieben Regenbogensteinen aufladen. Zusätzlich jeden Abend Citrin oder Pyrit-Sonne mit rotbraunem Jaspis oder Unakit 20 Minuten lang auflegen.

Gelenkentzündung: Bernstein (evtl. mit Turmalin oder Obsidian) tragen.

Gicht: Bernstein tragen, Topas- oder Diamantwasser trinken: Topas oder Diamant während 12 Stunden in einem Glas Wasser ruhenlassen, das magnetisierte Wasser morgens in nüchternen Magen trinken.

Gingivitis: Bernstein tragen, Mund mit Bernsteinwasser spülen (Bernstein 12 Stunden lang in einem Glas Wasser ruhenlassen).

Gleichgewicht: Turmalin, Smaragd, Rutilquarz, Achat tragen.

Grüner und grauer Star: Smaragd oder Bergkristall regelmässig auf die Augen legen (evtl. Aventurin).

Gürtelrose: Turmalinkette auf der kranken Stelle tragen (evtl. gemischt mit Bernstein).

Haarausfall: Bernstein, Amethyst, Sugilith und Charoit tragen.

Halbseitenlähmung: Turmalinkette tragen (evtl. halb Turmalin, halb Bernstein, Bergkristall).

Halbseitenkopfschmerzen (Migräne): grosse Erfolge mit Bernsteinketten.

Halsschmerzen: Aquamarin, Calcedon, blauen Topas, Türkis, Bernstein, gemischte Turmaline, Bergkristall, Cordierit tragen oder auflegen.

Hämorrhoiden: Hämatitwasser trinken (einen Hämatit während 12 Stunden in einem Glas Wasser ruhenlassen).

Harndrang: grünen Jaspis (Heliotrop) jeden Abend 20 Minuten lang auf Blasenhöhe auflegen.

Hautprobleme: bei Akne Aventurin tragen, bei Ekzem Bernstein tragen und Peridot während zweier Wochen in Olivenöl einlegen, anschliessend jeden Abend die befallenen Stellen mit diesem Öl betupfen. Bei Gesichtsrose Rhodochrosit auf das Gesicht legen (evtl. zusammen mit Turmalin tragen).

Heiserkeit: Calcedon oder Aquamarin tragen oder auflegen (auch Türkis, Lapislazuli, Sodalit, Cordierit, blauer Topas).

Hellsichtigkeit: stärken mit Bergkristall; Sugilith, Azurit, Aquamarin, Lapislazuli, Amethyst, Smaragd, Beryll, Aquamarin auf Stirnchakra (drittes Auge) legen.

Hemiplegie (halbseitige Lähmung): unbedingt Turmalinkette tragen (evtl. mit Bernstein kombiniert).

Hemiplegische Migräne: Bernsteinkette tragen.

Hepatitis: rotbraunen Jaspis, Rosenquarz, Moosopal, Edeltopas, Pyrit-Sonne als Handschmeichler sowie auflegen oder tragen.

Herpes: Immunsystem mit Bernstein stärken, Turmalin tragen.

Herz (ausgleichend): Malachit, Smaragd, Aventurin, Turmalin, Rosenquarz, Rhodochrosit, Kunzit, rosa Beryll auflegen oder tragen.

Herzasthma: bunte Turmalinkette tragen, Rosenquarz, Unakit oder Malachit jeden Abend 20 Minuten lang auflegen (alle rosa und grünen Steine).

Herzinfarkt: jeden Abend 20 Minuten lang einen Rosenquarz auf Herzchakra auflegen. 80 Zentimeter vom Bett entfernt einen Rosenquarz auf den Boden legen, jede Woche unter fliessendem kaltem Wasser entladen. Grünrosa Turmalinkette tragen (evtl. Olivin).

Herzrhythmusstörungen: Rosenquarz auflegen. 80 Zentimeter vom Bett entfernt einen Rosenquarz auf den Boden legen, jede Woche unter fliessendem kaltem Wasser entladen. Lange grünrosa Turmalinkette tragen (auch Olivin).

Heuschnupfen: Bernsteinkette tragen (evtl. kombiniert mit Rutil).

Hexenschuss: kleines Stück Bernstein auf die schmerzende Stelle kleben.

Hirntumor: schwarzen Turmalin oder Onyx jeden Abend während 20 Minuten auf das Scheitelchakra legen.

Histaminkopfschmerzen: Bernstein mit Turmalin tragen.

Hoden: roten Jaspis, Granat, schwarzen Turmalin auflegen.

Hormonstörungen: vor allem in den Wechseljahren regelmässig Calcedon auf Halschakra legen (auch Aquamarin, Turmalin, Sodalit, Lapislazuli, Smaragd, blauen Topas).

Hörstörung: Onyx oder schwarzen Turmalin regelmässig auf das Scheitelchakra legen (auch Sugilith).

Hüftentzündung: kleine Bernsteinstücke auf schmerzende Stellen kleben.

Husten: Bernstein, Rutilquarz, Türkis, Pyrit-Sonne tragen und auflegen.

Hyperthyreose (Überfunktion der Schilddrüse): Smaragd, Aquamarin, Calcedon, Cordierit, Sodalit, Lapislazuli tragen oder auflegen.

Hypertonie: Sodalit als Kette tragen oder jeden Abend während 20 Minuten auf Hals- und Stirnchakra legen. Noch besser: wenn möglich nach jeder Mahlzeit auflegen (auch Lapislazuli, Jolith oder Saphir).

Hypoglykämie: Verminderung des Blutzuckers: Citrin auf das Sonnengeflecht, rotbraunen Jaspis auf die Bauchspeicheldrüse legen (evtl. mit Rauchquarz und Karneol). Zweimal wöchentlich abends einen rotbraunen Jaspis in ein Glas Wasser legen, morgens das magnetisierte Wasser in nüchternen Magen trinken.

Hypothyreose (Schilddrüsenunterfunktion): Lapislazuli tragen (auch Aquamarin und Smaragd).

Hypotonie: einen Rubin auf sich tragen oder Granatkette tragen.

Impotenz: jeden Abend einen Naturrubin während 20 Minuten auf das Sexualchakra legen (auch roten Jaspis, Granat, Rhodonit). Regelmässig die sieben Energiezentren mit den sieben Regenbogensteinen aufladen.

Infektion allgemein: Bernstein tragen (evtl. mit Hämatit, Aquamarin und Granat).

Ischias: kleine Bernsteinstücke auf schmerzende Stelle kleben.

Karzinom: bunte Turmalinkette tragen, schwarzen Turmalin auflegen (auch Petalit, Sugilith, Thulit, Charoit).

Kehlkopf: Aquamarin, blauen Topas, Calcedon, gemischte Turmaline, Bernstein, Sodalit, Lapislazuli, Türkis, Cordierit tragen oder auflegen.

Knochenentzündung: Bernstein tragen (evtl. mit Obsidian, Edeltopas gelb und orange, Pyrit-Sonne).

Knochen (allgemein): Bernstein, Edeltopas, Pyrit-Sonne, Obsidian tragen oder auflegen.

Konzentration (speziell Schulkinder): Amethyst, Citrin. Erwachsene Amethyst, Lapislazuli, Sugilith, Citrin.

Kopfschmerzen: bei Migräne hilft eine Bernsteinkette. Bei Stresskopfschmerzen Bergkristall oder Amethyst auflegen.

Krampfadern: Hämatit auflegen, einen Hämatit während 12 Stunden in einem Glas Wasser ruhenlassen, morgens nüchtern trinken. Beinband mit Bernstein, Hämatit und Calcedon.

Krebs: schwarze oder gemischte Turmaline auflegen oder tragen. Sugilith als Handschmeichler.

Krupp: bei Pseudo-Krupp-Anfälligkeit bei Kindern unbedingt eine Bernsteinkette, gemischt mit Lapislazuli und Calcedon, tragen (auch Aquamarin, blauen Topas, Jolith).

Leber: Rosenquarz, rotbraunen Jaspis, Edeltopas, Citrin, Tigerauge, Moosopal, Unakit, Bernstein auflegen (evtl. schwarzen Turmalin).

Leidenschaft: Rubin ist der Stein der Leidenschaft, auch für die Potenz (auf Sexualchakra legen oder tragen).

Leistenschmerzen: roten Jaspis mit Rauchquarz oder Obsidian auflegen.

Leukämie: Turmalinkette mit Granat und Hämatit tragen, auch sehr gut kombiniert mit Aquamarin.

Liebeskummer: einen Malachitanhänger auf Herzhöhe tragen, tröstet.

Lumbago: kleines Bernsteinstück auf Schmerzstelle kleben.

Lungen: Bernsteinkette gemischt mit Türkis, Malachit, Amethyst, Rutilquarz tragen, Pyrit-Sonne oder Pyrit-Achat auflegen.

Lymphknotenschwellungen: Aquamarin, Calcedon, Cordierit tragen oder auflegen, schwarzen Turmalin auflegen.

Magen-Darm-Entzündungen: Pyrit-Sonne, rotbraunen Jaspis, Citrin, Moosopal, Tigerauge, Edeltopas, Rauchquarz, Karneol auflegen.

Mandelentzündung: Bernstein (evtl. mit Calcedon, Türkis, Cordierit, Sodalit, Aquamarin, blauem Topas) tragen oder auflegen.

Migräne: Bernsteinkette tragen. Bei Stresskopfschmerzen Ruhe; Bergkristall, Amethyst oder Sugilith auflegen.

Mitgefühl: wer mehr Mitgefühl haben sollte, trägt einen Malachit oder Chrysocoll (evtl. Rosenquarz oder Kunzit).

Multiple Sklerose: in mehreren Fällen besserte sich der Zustand durch das Tragen einer Turmalinkette.

Mut: Rhodonit, Malachit, Rubin, Granat tragen.

Muskelentzündung: Bernstein tragen (evtl. Obsidian, Turmalin).

Muskelrheuma: Bernsteinkette tragen.

Myom: Karneol oder schwarzen Turmalin auflegen.

Mystische Steine: Amethyst, Saphir, Lapislazuli, Onyx und neu der Sugilith.

Nephritis (Nierenentzündung): Jade tragen (die alten Chinesen sagten dem Jade «Lendenstein»). Jeden Abend die Nieren mit einem kleinen Jade aufladen (evtl. auch Moosachat, Baumachat, Hämatit). Jade-Hämatit-Wasser trinken: die Steine über Nacht in einem Glas Wasser ruhenlassen, morgens das Wasser nüchtern trinken.

Nervenentzündung: eine Bernsteinkette mit Turmalin tragen, Sodalit als Handschmeichler.

Nervosität: Sodalit, Aquamarin, Edeltopas gelb oder blau, Moosachat, Moosopal, Citrin, Lapislazuli, Saphir, Jolith als Handschmeichler oder als Kette tragen, auf Sonnengeflecht, Hals oder Stirn auflegen.

Neuanfang: Rhodonit schützt vor negativen Energien und gibt Mut zur Selbständigkeit. Turmalin in Quarz schützt gegen negative Energien und gibt Mut, um die Vergangenheit besser bewältigen zu können. Sugilith ist der New-Age-Stein für den geistigen Neuanfang.

Ohr: Onyx auf Scheitelchakra legen.

Ohrensausen: schwarzen Turmalin während 20 Minuten hinter dem Ohr auflegen.

Pankreas: rotbraunen Jaspis, Citrin, Pyrit-Sonne, Rauchquarz, Tigerauge, Unakit, Moosopal auflegen.

Parkinson: mit Turmalinkette oder Bernstein-Turmalin gemischt zu helfen versuchen.

Pfeiffer-Drüsenfieber: Bernstein mit Turmalin tragen, Calcedon, Aquamarin, blauen Topas auflegen.

Pneumonie: Bernstein, Rutil, Türkis tragen und auflegen, Pyrit-Sonne auflegen.

Psoriasis: Bernstein tragen, kranke Stellen mit Olivenöl, in dem während zweier Wochen vier bis fünf kleine Peridote lagen, betupfen.

Psychosomatische Störungen: Turmalinkette tragen (evtl. mit Aquamarin).

Rachitis: Mondstein tragen (auch Labradorit, evtl. Calcedon).

Regelblutung, schmerzhafte: Malachitstückli an den «Tagen» auf dem Bauch tragen (evtl. Bernstein und Malachit gemischt).

Rheumatismus: Bernstein als Kette oder Armkette tragen, Rohstücke als Handschmeichler.

Rückenschmerzen: Bernstein, Pyrit-Sonne, Obsidian tragen oder auflegen.

Schilddrüse allgemein: Halschakra mit hellblauen Steinen wie Calcedon, Aquamarin, hellem Lapislazuli, Sodalit, Cordierit, blauem Topas (auch Smaragd) stärken.

Schulschwierigkeiten: persönliche Steine, nach Horoskop berechnet, mit Amethyst und Citrin tragen.

Schwindel: Gleichgewicht mit Turmalin- oder Smaragdkette wiederherstellen (evtl. Rutil, Achat, Sugilith, Amethyst).

Selbstmordgedanken: Smaragd, Türkis, Turmalin, Lapislazuli, Malachit, Rosenquarz, Peridot, Granat, Chrysocoll tragen.

Skoliose: gemischte Kette mit Bernstein, Turmalin und Obsidian tragen.

Sprachstörungen: Calcedon, blauen Topas, Aquamarin auflegen oder tragen.

Stillen: Milchfluss mit Calcedon (Milchstein) fördern.

Stress: jeden Abend 20 Minuten lang Citrin oder Pyrit-Sonne auf das Sonnengeflecht legen (auch Edeltopas und Tigerauge). Regelmässig die sieben Chakras mit Bergkristall öffnen, dann mit den sieben Regenbogensteinen aufladen.

Tränenkanal: Bergkristall auflegen.

Trigeminusneuralgie (Gesichtsschmerzen): gemischte Turmaline und Bernstein auflegen, zusätzlich schwarze Turmaline.

Unterleibsschmerzen: rote, rotbraune und orange Steine auflegen, wie roten Jaspis, Karneol, rotbraunen Jaspis, Tigerauge, Rauchquarz.

Vegetative Dystonie: Smaragd- oder Turmalinkette tragen oder auflegen, Rosenquarz auflegen und zum Entstrahlen.

Verstopfung: rotbraunen Jaspis auf Leber, Milz und Bauchspeicheldrüse (Pankreas) legen, zweimal wöchentlich am Abend einen rotbraunen Jaspis in einem Glas Wasser ruhenlassen, am Morgen dieses Wasser in nüchternen Magen trinken (zum Auflegen auch Citrin, Pyrit-Sonne, Karneol, Rauchquarz).

Wachstumsschmerzen: auch Tiere können Bernstein tragen.

Wadenkrampf: Beinband mit Bernstein, Hämatit und Calcedon.

Weichteilrheuma: unbedingt Bernsteinkette tragen.

Willen: Amethyst oder Rhodonit tragen.

Wirbelsäule: Bernstein, Edeltopas, Pyrit-Sonne, Obsidian tragen.

Zahnfleischentzündung: mit Bernsteinwasser spülen, Bernstein tragen.

Zyste: Karneol und schwarzen Turmalin auflegen.

Glückssteine
passend zu den Sternzeichen

Widder   21. 3. bis 20. 4.
(roter Habicht 21. 3. bis 19. 4.)

Planet: Mars (Symbol für Antriebsenergie)
Element: Feuer
Farben: Gelb, Orange, Rot; Komplementärfarbe Blau
Temperament: Choleriker
Glückszahl: 9
Tag: Dienstag
Metalle: Eisen, Rotgold
Anfälligkeit: Augen, alles, was mit dem Kopfbereich zusammenhängt, Zähne, Brand- und Schnittwunden, Muskeln, rote Blutkörperchen, Nieren

Harmoniesteine und heilende Steine:
Amethyst, Sardonyx, Granat, Rubin, Pyrit, Blutstein, Diamant, Rhodonit, Rhodochrosit, Rubellit, roter Jaspis, gelber und roter Beryll, rote Koralle, Saphir, Feueropal, Feuerachat, Sodalit, Lapislazuli

Nach Indianerastrologie:
Feueropal, Feuerachat

Stier   21. 4. bis 20. 5.
(Biber 20. 4. bis 20. 5.)

Planet: Venus (Symbol der Liebe, Kunst und Harmonie)
Element: Erde
Farben: Grün, Rosa, Braun, Hellblau; Komplementärfarbe Mauve
Temperament: Phlegmatiker
Glückszahl: 6
Tag: Freitag
Metalle: Kupfer, Gold

Anfälligkeit: Nacken, Kehle, Kleinhirn, Schilddrüse, Drüsen, Mandeln, Unterleibsorgane, Haut, lymphatisches System

Harmoniesteine und heilende Steine:
Hyazinth, Karneol, Achat, Smaragd, Moosachat, Opal, Turmalin bicolor, grüner Beryll, Labradorit, Jade, Amazonit, Türkis, Aventurin, Malachit, Chrysocoll, Saphir, Aquamarin, Rhodochrosit, Rhodonit, Tigerit, Variscit, Rosenquarz, roter, rotbrauner und grüner Jaspis.

Nach Indianerastrologie:
Chrysocoll

Zwilling   21. 5. bis 21. 6.
[Hirsch 21. 5. bis 20. 6.]

Planet: Merkur (Symbol für Kommunikation)
Element: Luft
Farben: Gelb, Hellgrau, Hellblau; Komplementärfarbe Lila
Temperament: sanguinisch
Glückszahl: 5
Tag: Mittwoch
Metall: Quecksilber, Silber
Anfälligkeit: Gelenke, Nerven, Schultern, Lungen, Bronchien, Gehirn, Drüsen, Verdauungsorgane

Harmoniesteine und heilende Steine:
Chrysopras, Beryll, Alexandrit, Granat, alle Achate, alle Jaspis, gelbe und blaue Topase, Aquamarin, Tigerauge, Bernstein, Rutilquarz, Chrysolith, alle Turmaline, Andalusit, Moosachat, Citrin, Heliodor, Unakit

Nach Indianerastrologie:
Moosachat

Krebs   22. 6. bis 22. 7.
[Specht 21. 6. bis 22. 7.]

Planet: Mond (Gemütskräfte, mütterliche Weiblichkeit)
Element: Wasser

Farben: Hellblau, Silber, Weiss, Wassergrün; Komplementär-
farben Orange, Altrosa
Temperament: Melancholiker
Glückszahl: 2
Tag: Montag
Metall: Silber
Anfälligkeit: Nervenschwäche, Melancholie, Milz, Brust,
Lymphdrüsen, Magen, Nieren, Knochen

Harmoniesteine und heilende Steine:
Mondstein, Topas, Smaragd, Calcedon, Perlen, Moosachat,
rosa und weisse Koralle, helle Opale, Rhodonit, Rhodochrosit,
Bergkristall, weisse und blaue Zirkone, Aquamarin, Sternsaphir, Perlmutter, Labradorit, grüne und blaue Turmaline, rotbrauner Jaspis, Rosenquarz

Nach Indianerastrologie:
Karneol

Löwe   23. 7. bis 22. 8.
[Stör 23. 7. bis 22. 8.]

Planet: Sonne (Lebenskraft, Selbstverwirklichung)
Element: Feuer
Farben: Orange, Gelb, Gold; Komplementärfarbe Blau
Temperament: sanguinisch-cholerisch
Glückszahl: 1
Tag: Sonntag
Metall: Gold
Anfälligkeit: Herz, Rückgrat, Rückenmark, Blutkrankheiten,
Rheuma, Blutdruck, Venen, Unterleib

Harmoniesteine und heilende Steine:
Goldberyll, Rubin, rostroter Jaspis, Hyazinth, Edeltopas, Sonnenstein, Granat, Diamant, Chrysolith, Sardonyx, Citrin, Bernstein, Tigerauge, Karneol, Rubillit, rote Koralle, Rutil, Dumortierit, Saphir, Sodalit, Lapislazuli

Nach Indianerastrologie:
Granat

Jungfrau 23. 8. bis 22. 9.)
Braunbär 23. 8. bis 22. 9.)

Planet: Merkur (Symbol für Kommunikation)
Element: Erde
Farben: Blau, Grau, Violett, Braun; Komplementärfarben
Grün, Dunkelgrün
Temperament: phlegmatisch-sanguinisch
Glückszahl: 5
Tag: Mittwoch
Metalle: Silber, Messing
Anfälligkeit: Darm, Dickdarm, Bauchspeicheldrüse, Infektionskrankheiten, vegetatives Nervensystem, Entzündungen,
Füsse

Harmoniesteine und heilende Steine:
Heliotrop, Jaspis, Saphir, Hyazinth, Olivin, Zirkon, blauer Topas, Sodalit, Aquamarin, Labradorit, Azurit, Dumortierit, Jolith, Tigerit, Lapislazuli, Sugilith, Charoit, grauer Achat, Sardonyx, Unakit, Turmalin, Amethyst, Tigerauge, Calcedon

Nach Indianerastrologie:
Amethyst

Waage 23. 9. bis 22. 10.
(Rabe 23. 9. bis 23. 10.)

Planet: Venus (Symbol für Liebe, Schönheit, Harmonie)
Element: Luft
Farben: Rosa, Grün, Hellblau; Komplementärfarbe Orange
Temperament: Sanguiniker
Glückszahl: 6
Tag: Freitag
Metalle: Gold, Kupfer
Anfälligkeit: Lenden, Nieren, Blase, Haut, Kreislauf, Unterleib
(Frauen)

Harmoniesteine und heilende Steine:
Jade, Nephrit, Smaragd, Beryll, Opal, Grossular, Aquamarin,
Malachit, rosa Koralle, Bergkristall, Aventurin, Amazonit, Ro-

senquarz, Turmalin (speziell bicolor), Rhodochrosit, heller Lazulit, Variscit, Rhodonit, Engelshautopal, Andalusit, Unakit

Nach Indianerastrologie:
Jaspis, speziell Heliotrop

Skorpion 23. 10. bis 21. 11.
(Schlange 24. 10. bis 21. 11.)

Planeten: Mars, Pluto (Symbol für Wille, Energie, Triebstärke)
Element: Wasser
Farben: Rot, Braun, Hellblau, Komplementärfarbe Dunkelgrün
Temperament: cholerisch-melancholisch
Glückszahl: 9
Tag: Dienstag
Metalle: Bronze, Eisen, Rotgold
Anfälligkeit: Blase, Geschlechtsorgane, Drüsen, Eierstöcke, Ausscheidungsorgane, Hals, Rachen, Nase

Harmoniesteine und heilende Steine:
Topas, Amethyst, Malachit, Sardonyx, Obsidian, Hämatit, Citrin, Rauchquarz, Rhodonit, Rhodochrosit, Granat, Rubin, Tigerauge, Rubillit, Tigerit, Aquamarin, grüner Beryll, Feuerachat, Bernstein, Opal

Nach Indianerastrologie:
Malachit

Schütze 22. 11. bis 20. 12.
(Wapiti 22. 11. bis 21. 12.)

Planet: Jupiter
Element: Feuer
Farben: Violett, Blau, Orange, Schwarz; Komplementärfarbe Hellgrün
Temperament: cholerisch-sanguinisch
Glückszahl: 3
Tag: Donnerstag
Metalle: Zinn, Weissgold, Platin

Anfälligkeit: Hüften, Oberschenkel, Wirbelsäule, Rheuma, Nerven, Blut, Leber, Venen, Verdauung, Knochen

Harmoniesteine und heilende Steine:
Smaragd, Granat, Hyazinth, Türkis, Bernstein, Amazonit, Lapislazuli, Sodalit, Dumortierit, Sternsaphir, Amethyst, Saphir, oranger Topas, Sugilith, Lazulith, Jaspis, Obsidian, Feueropal, Feuerachat, Harlekin, Onyx, Citrin, Rutil, Tigerauge

Nach Indianerastrologie:
Obsidian

Steinbock 21. 12. bis 19. 1.
[Schneegans 22. 12. bis 19. 1.]

Planet: Saturn (Symbol der Konzentrationskraft)
Element: Erde
Farben: Schwarz, Dunkelbraun, Dunkelblau, Dunkelgrün, Weiss, Dunkelgrau; Komplementärfarbe Violett
Temperament: phlegmatisch-cholerisch
Glückszahl: 8
Tag: Samstag
Metalle: Blei, Platin
Anfälligkeit: Haut, Knie, Knochen, Herzkranzgefässe, Durchblutung, Lungen, Herz, Rheuma, Melancholie, Gürtelrose.

Harmoniesteine und heilende Steine:
Onyx, Chrysopras, Calcedon, Obsidian, Rauchquarz, schwarze Perle, Bernstein, Sodalit, Lapislazuli, schwarze Koralle, Labradorit, Saphir, schwarzer Saphir, Enstatite, Granat, Chrysolit, Rhodonit, Rhodochrosit, Tigerit, Hämatit, schwarzer Turmalin, Cordierit

Nach Indianerastrologie:
Bergkristall, Rosenquarz

Wassermann 20. 1. bis 18. 2.
[Otter 20. 1. bis 18. 2.]

Planeten: Uranus mit Saturn (Symbol für plötzliche Veränderung, Wandlung, Umwertung aller Werte)

Element: Luft
Farben: Schwarz, Violett, Dunkelblau, Indigo; Komplementär-
farbe Orange
Temperament: sanguinisch-melancholisch
Glückszahl: 8
Tag: Samstag
Metalle: Uran, Silber
Anfälligkeit: Beine, Waden, Herz, Kreislauf, Venen, Nerven,
Sonnengeflecht, Rücken

Harmoniesteine und heilende Steine:
Saphir, Obsidian, Bernstein, Amethyst, Onyx, Karneol, Lapislazuli, Sodalit, schwarze Koralle, Enstatit, blauer und schwarzer Sternsaphir, schwarzer Opal, Harlekin, Hämatit, Sugilith,
Dumortierit, Charoit, Cordierit, Indigolit

Nach Indianerastrologie:
Silbererz, Azurit

Fisch   19. 2. bis 20. 3.
[Puma 19. 2. bis 20. 3.]

Planeten: Neptun mit Jupiter
Element: Wasser
Farben: Grün, Blau; Komplementärfarbe Violett
Temperament: phlegmatisch-melancholisch
Glückszahl: 3
Tag: Donnerstag
Metalle: Platin, Zinn, Weissgold
Anfälligkeit: Füsse, Verdauung, Kopfweh, Augen, Schwermut,
psychische Krankheiten, Lungen

Harmoniesteine und heilende Steine:
Jaspis, Topas, Koralle, Heliotrop, Jade, Opal, Perle, Labradorit,
Sodalit, Bergkristall, Aquamarin, Beryll, Variscit, Smaragd,
Perlmutter, alle Turmaline, Saphir, Sternsaphir, Türkis, Ama-
zonit, Lapislazuli, heller Lazulit, Amethyst

Nach Indianerastrologie:
Türkis

Was ist Radiästhesie?

Im Zusammenhang mit den Steinen wird dieses Wort oft erwähnt. Radiästhesie ist die Strahlenfühligkeit. Es gibt zum Beispiel Erdstrahlen, Wasseradern, elektromagnetische Felder. Diese können mit dem Pendel, der Rute oder ganz einfach mit dem eigenen Körper aufgespürt und mit Rosenquarz neutralisiert werden (das Wohnzimmer z. B. zusammen mit einer Pyrit-Sonne).

Um die Strahlen mit dem Pendel erfassen zu können, muss man lernen, seinen eigenen Körper dafür zu sensibilisieren. Jeder Mensch hat mehr oder weniger Intuition. Man kann sie fördern, indem man zuallererst nicht an sich zweifelt.

Ich habe oft beobachtet, wie meine Kundinnen und Kunden gefühlsmässig den für sie richtigen Stein aussuchten. Der Stein, die Halskette, den Schmuck, den man mit Freude für sich aussucht, ist bestimmt das richtige, da man instinktiv die guten Schwingungen spürt.

Beispiel: Ein Bauer aus dem Jura kam in meine Boutique und fragte mich, ob er sich ein bisschen umschauen dürfe, er kenne die Steine zwar nicht, aber er habe ein wenig freie Zeit, die er nutzen wolle. Nach einer halben Stunde hatte er eine Pyrit-Sonne für sich ausgewählt. Darauf sagte ich ihm: «Das ist jetzt gerade der beste Stein für ihre Lungen und ihr Magengeschwür.» Erstaunt fragte er: «Woher wissen Sie von meinem Magengeschwür?» Das hatte ich intuitiv gespürt, «gesehen». Der Bauer war sehr beeindruckt. Er ist heute ein treuer Kunde, dem es dank der Pyrit-Sonne viel besser geht.

Er «entstrahlte» auch sein Bauernhaus mit Rosenquarz; seine Mutter, die fast nicht mehr gehen konnte, hat jetzt viel weniger Schmerzen und hilft wieder im Haushalt mit.

Jeder Stein zerlegt die Strahlenbündel (negative Erdstrahlen, Wasseradern, elektromagnetische Felder), aber wir verwenden zum Entstrahlen mit Vorteil den Rosenquarz, er ist dafür sehr gut geeignet und nicht teuer (siehe Kapitel Rosenquarz, Seite 22).

Wer sich ernsthaft für die Radiästhesie interessiert, sollte sich das Buch «Wer pendelt, weiss mehr» beschaffen oder bei der

Radiästhesischen Gesellschaft im nächstgrösseren Ort einen Kurs besuchen.

Schon im Mittelalter wusste man von den schädlichen Strahlen und Wasseradern. Hatte man ein neues Haus gebaut, so liess man zuerst die Hunde drin schlafen. Dort, wo sie sich niedergelassen hatten, stellte man das Bett auf, denn Hunde meiden Strahlen und Wasseradern. Anders die Katzen, Igel und Ameisen, sie lieben starke Strahlungen.

Amulette und Talismane

Ist das Tragen eines Amuletts oder eines Talismans Aberglaube? Seit Beginn der Menschheit wurden sie benutzt: sie bedeuten Glück, Kraft, Wohlstand.

Die Talismane oder Talismanketten, die ich jeweils nach dem persönlichen Horoskop anfertige, sind zusammengesetzt aus Planetensymbolen, aus der Numerologie, der Farbenlehre und einem Schuss Intuition. Sie sind von Mensch zu Mensch verschieden, je nach Horoskop.

Der Talisman aus Silber oder Gold oder die Talismankette ist immer einmalig, da kein Mensch das gleiche Horoskop hat wie ein anderer. Mit einem Talisman (oder einer Talismankette) wollen wir unser physisches und psychisches Gleichgewicht stärken, uns selbst besser verstehen, unsere positiven Seiten unterstützen.

Sie kennen sicher den Brustschild des Hohepriesters: Die zwölf Steine gehörten zu den zwölf Völkern (Tribute). Dieser Schild entwickelte einen sehr starken Schutz.

Der Schmuck ist seit Urzeiten Talisman oder Glücksbringer. Er bestand früher aus Muscheln, Steinen, die natürlich durch das Wasser poliert wurden, Glasmeteoriten oder Vulkanglas.

Im alten Ägypten trug der grosse Priester einen Brustschmuck, auf dem RA und dem MA (Gott des Lichts und Göttin der Gerechtigkeit) eingraviert waren. Der höchste Richter der Ägypter trug die Göttin MA in einem geschliffenen Saphir am Hals.

Der heilige Skarabäus der alten Ägypter (aus Türkis, Lapislazuli oder Faience) galt als Wiederauferstehungssymbol.

In einem früheren Kapitel (Seite 44) habe ich schon das chinesische Pi erwähnt. Dieses Pi aus Jade oder anderen Schmucksteinen bedeutete den Himmel, und durch die Öffnung in der Mitte kam der Blitz.

Glücksstein für Reiter und Pferd:

der Türkis. Nach alter chinesischer Überlieferung soll der Türkis vor allem Bösen schützen und vor Stürzen bewahren. In

neuerer Zeit ist der Türkis auch der Glücksstein für Flugpersonal und Fluggäste.
Auch für Pferde fertigen wir hübschen Schmuck an.

Glücksstein für Reisende rund um die Welt:

der rote Jaspis (auch Karneol und Obsidian).

Glückssteine für Reisende auf See

(auch Schiffspersonal): Aquamarin und Beryll.

Glückssteine für die Liebe und die Freundschaft:

Rosenquarz, Aventurin, Malachit, Rhodonit, Karneol, Jaspis, Granat, Rubin.

Alter Schmuck,
Edelsteinkauf im Ausland

Expertisen

Vielleicht haben Sie ein altes Schmuckstück von Ihrer Grossmutter geerbt und möchten nun wissen, was dieses Stück für einen Wert hat, ob die eingefassten Steine überhaupt echt sind.

Oder Sie waren auf Reisen und haben geschliffene Steine gekauft: Rubine, Saphire, Mondsteine, Alexandrite, Topase usw. (Indien, Sri Lanka). Jetzt möchten Sie wissen, ob diese echt sind und welchen Wert sie haben. Natürlich müssen Sie sich bewusst sein, dass man für gute Qualität auch im Ausland seinen Preis bezahlen muss. Sehr oft kommen Reisende mit schlechten Steinen oder gar mit Imitationen zurück. Das Pikante bei diesen Imitationen ist, dass diese in der Schweiz hergestellt wurden. Bei uns werden sie natürlich auch als Imitationen gehandelt.

Ich habe mit Herrn Rapold von der Firma Gübelin gesprochen, um abzuklären, was eine Analyse oder eine schriftliche Expertise kostet.

– Eine mündliche Analyse, vom Gemmologen der Firma Gübelin gemacht, kostet etwa Fr. 40.–.
– Eine schriftliche Expertise Fr. 120.– bis Fr. 200.–, je nach Aufwand.

Unterhalt und Pflege des Schmucks

Wertvolle in Gold gefasste Edelsteine sollten ab und zu von einem guten Goldschmied geprüft (Griffe, Abnützung) und mit einem Ultraschallgerät gereinigt werden.

Auch eine Schmucksteinkette braucht Pflege. Wenn sie viel getragen wird, sollte man öfters prüfen, ob sie noch stabil genug ist. Man sollte sie etwa alle ein bis drei Jahre neu knüpfen lassen (oder es selbst tun, das ist keine Hexerei).

Wenn man lange an einem schönen Schmuckstück Freude haben will, soll man zu ihm auch Sorge tragen.

Berufe, die mit Steinen zu tun haben

Geologe: Er erforscht die Erdschichten, nötig ist ein Studium an der Universität.

Gemmologe: Viele nennen sich so und sind es nicht. Der Gemmologe studiert die Edelsteinkunde (an einer Universität in den USA oder durch Kurse in Idar-Oberstein, BRD) und ist imstande, Edelsteine zu erkennen und zu prüfen.

Goldschmied: Er lernt vier Jahre in einem Goldschmiedeatelier. Er lernt Silber und Gold zu schmieden und den Edelsteinen eine würdige und ästhetische Fassung zu geben.

Goldschmiedverkäuferin: Sie lernt in einem Goldschmiedegeschäft den Umgang mit Gold- und Silberschmuck und Edelsteinen sowie natürlich mit der Kundschaft.

Edelsteinfasser: Er schmiedet nicht, sondern fasst die Edelsteine.

Edelsteinschleifer: Dieser Beruf kann bei uns nicht offiziell gelernt werden, aber wenn man Glück hat, findet man in Deutschland eine Lehrstelle.

Mineraloge: arbeitet auf dem Gebiet der Mineralogie. Universitätsstudium.

Bäume und Pflanzen

Man kann Steine zugunsten von Mensch und Tier anwenden, aber auch zum Stärken der Pflanzen und Bäume. Dazu verwendet man vor allem Bergkristall und Rosenquarz: bei Pflanzen einfach auf die Erde legen, bei Bäumen zu den Wurzeln vergraben.

Um im Garten schöne Blumen zu erhalten, legt man jeweils einen Stein, der die Farbe der Blume hat, zur Pflanze auf die Erde (z. B. Salbei = Sodalit, rosa Rosen = Rosenquarz oder Rhodonit usw.).

Mit einem Stück Bernstein kann man kranken Bäumen helfen: Der Bernstein wird neben den Wurzeln vergraben. Bernstein ist fossiles Baumharz (50 Millionen Jahre alt), das bei dem damaligen Baumsterben entstanden ist.

Tragt Sorge zu unseren Bäumen, sie sind unsere Lungen. Sinnbildlich hilft der Bernstein auch unseren Lungen, deshalb empfehle ich jedermann das Tragen einer Bernsteinkette.

Einige Denkanstösse über Tiere

Der Tierschutz beschäftigt mich sehr, deshalb erlaube ich mir an dieser Stelle ein kleines Kapitel einzuschieben.

Ratschläge zur Tierhaltung

Wenn Sie sich ein Tier anschaffen wollen, bedenken Sie bitte zuallererst, ob Sie dafür auch genügend Zeit aufwenden können. Wenn Sie einen Vogel (oder mehrere) kaufen, so besorgen Sie ihm gleichzeitig ein würdiges Heim: eine grosse Flugvoliere. Haben Sie eine Katze zu Hause, die den ganzen Tag allein ist, so besorgen Sie ihr einen Spielgefährten. Weiter sollten Sie sich bewusst sein, dass die Polstermöbel etwas leiden werden.
Wollen Sie einen Hund anschaffen, so bedenken Sie, dass er täglich zwei Stunden Auslauf benötigt.
Wenn Sie die Tiere lieben, so sorgen Sie bitte auch für tiergerechte Haltung.

Tierversuche

Die Tierversuche sind absolut gegen jede Ethik. Man weiss heute, dass es sehr gute Alternativen gibt. Ich zitiere die fünf Punkte aus der Broschüre der «Stiftung für versuchstierfreie Forschung (FFVF)», Biberlinstrasse 5, 8032 Zürich, vom Juni 1989.

Alternativen, weil:
1. sie wissenschaftlich aussagekräftiger sind als entsprechende Tierversuche
2. sie billiger sind
3. sie sich besser automatisieren lassen und reproduzierbarere Resultate liefern
4. sie auf das Publikum eine psychologisch günstigere Wirkung haben als Tierversuche

5. sie die Zahl der Tierversuche reduzieren und somit Tiere vor Schmerz, Leiden und Angst bewahren.

Abscheulich sind auch die Versuche an menschlichen lebenden Föten! Wäre es nicht langsam an der Zeit, dass auf den Produkten vermerkt wird, ob sie mit Tierversuchen entwickelt wurden? So könnte jeder frei wählen. Es ist natürlich bequemer, Augen und Ohren zu verschliessen unter dem Motto: «Was ich nicht weiss, macht mich nicht heiss!»

Reptilienzucht für Lederwaren?

Letzthin sah ich eine Reportage im französischen Fernsehen: Ein Mann zeigte eine Handtasche aus Eidechsenleder und verkündete stolz, dass für dieses Stück 168 Eidechsen ihr Leben lassen mussten ...
Eine unwahrscheinliche Grausamkeit, wenn man bedenkt, dass die meisten Reptilien bei lebendigem Leib enthäutet werden. Bitte helfen Sie mit, diesen Grausamkeiten ein Ende zu bereiten. Das wirksamste Mittel ist, keine Produkte (Handtaschen, Schuhe, Portfeuilles usw.) aus Reptilienleder zu kaufen, Mitmenschen zu informieren, sich einzusetzen für den Tierschutz.

Begegnungen und Anekdoten

Die Wespe

Es ist mir schleierhaft, warum einem gewisse Dinge manchmal richtig erscheinen und manchmal nicht. Ich schlief einmal mittags ein — draussen tobte ein heftiges Gewitter. Im Schlaf sah ich im Wasser im Senkloch vor dem Haus eine riesige Wespe, die sich an einen Strohhalm klammerte. Ich sprang auf, ging hinaus, hob den eisernen Senklochdeckel, und was sah ich: eine riesige Wespe, die sich an einen grossen Strohhalm klammerte. Ich rettete sie und brachte sie in die offene Garage, wo sie sich den ganzen Nachmittag trocknen lassen konnte. Am Abend flog sie weg. Dieses Erlebnis gab mir zu denken. Ist so ein Tier eigentlich auch wichtig? Wir Menschen glauben doch, nur wir seien wichtig. Wollte eine höhere Macht verhindern, dass dieses Insekt gerade an diesem Tag sterben musste?

Renate

Renate war eine alte deutsche Baronin, lebensfremd, vom Krieg gezeichnet. Und doch verband uns eine grosse Freundschaft. Sie war gleich alt wie meine Mutter. Sie wurde sehr schwer krebskrank. Während der letzten Monate ihres Lebens besuchte ich sie täglich im Spital, brachte ihr etwas zu essen, etwas zum Lachen (sie hatte sehr viel Humor). Als sich ihr Ende näherte, hatte ich zweimal einen sehr deutlichen Traum: Ihr bereits verstorbener Bruder sagte mir, ich solle seiner Schwester eine Nachricht überbringen, ich solle sie an ihre schöne Kindheit mit ihrem Kindermädchen erinnern, das zu ihr war wie eine Mutter. Ich solle ihr sagen, sie solle sich nicht mehr gegen den Tod wehren, es sei nur ein Lebensgang, er selbst, der andere Bruder und die beiden Mütter warteten auf sie. Von diesem Moment an akzeptierte Renate den Gedanken, sterben zu müssen.

Eines Abends spät — ich war zu Hause — hörte ich dreimal sehr laut meinen Namen rufen: Eliette, hilf mir ... Es war Renates Stimme. Ich eilte über die Kornhausbrücke ins Spital und ging zu Renate. Wir sprachen die ganze Nacht über ihr Leben und ihre Kindheit. Um halb fünf sagte ich: «Es wird schon hell, um fünf Uhr muss ich mit meinem Hund Pascha spazierengehen...» — und erwachte um halb fünf in meinem Bett, tränenüberströmt. Ich glaubte geträumt zu haben.

Mittags ging ich dann wirklich ins Spital. Renate sass in ihrem Bett und strahlte: «Ich danke dir, dass du mir die ganze Nacht geopfert hast. Wie kamst du eigentlich unbemerkt ins Spital hinein?» Sie hatte das gleiche Erlebnis gehabt wie ich und war sicher, dass ich die ganze Nacht bei ihr gewesen war. Sie wusste genau, über was wir gesprochen hatten. Das war für mich ein sehr schönes Erlebnis. Ich war also mit meinem Astralkörper tatsächlich die ganze Nacht bei Renate gewesen. Ich sah auch ihre Erlösung voraus. Vielleicht kann diese Geschichte jemandem die Angst vor dem Tod nehmen.

Madame Pillet

Die herzensgute alte Madame Pillet war Freundin und Kundin vom ersten Tag an. Ich hatte damals eine sehr liebe Freundin, Barbara, die noch ledig war.

Frau Pillet wollte sie um jeden Preis verheiratet sehen. Als einmal ein grosser Kunde in der Boutique war, schmunzelte Frau Pillet, damals 70 Jahre alt, und sagte zu Barbara: «Barbara, den sollten Sie nehmen. Er hat grosse Füsse, und man sagt, wer grosse Füsse hat, hat auch einen grossen Hmhm...» Alter schützt vor Torheit nicht, aber wir haben viel gelacht!

Zwei Tiroler

Ich bin sicher nicht rassistisch, aber an den Besuch der zwei Tiroler werde ich noch lange denken. Mein ganzes Angebot, zum Beispiel an Bergkristallen, war nicht gut genug, zu unrein, nicht schön, zu klein. Die Tiroler Kristalle seien viel grösser, auch die Tiroler Granate seien viel grösser, überhaupt seien die Mineraliengeschäfte im Tirol viel grösser. So ging es eine ganze Weile. Ich hatte damals ein liebes Kaninchen, Jeannot-Lapin. Auf einmal kam Jeannot-Lapin dahergehopst, und da sagte der eine Tiroler zum andern: «Schau, a Haserl!»

«Nein, nein, meine Herren», sagte ich ganz trocken, «das ist kein Haserl, das ist ein Bär. Bei uns in Bern sind die Bären halt viel kleiner als im Tirol.»

Beo

Der vierjährige Amadeo-Beobeo-Romeo ist ein schwarzer Mainate, eine indische Amsel. Sein Schicksal fristet er mit viel Liebe, Lebensfreude und Witz in meiner jetzigen Boutique an der Kramgasse 66 in Bern. Beo begrüsst jede und jeden: die Herren mit «Grüezi-grüezi», die Damen mit «Grüezi Madame», «Bonjour Madame», «Bonjour mon amour», «Grüezi mon Darling» oder «Verstehst du?». Er erwartet natürlich einen Gegengruss. Grüsst jemand nicht zurück, sagt er selbst: «Sali Beo.» Kommt auch jetzt noch keine Antwort, meint er: «'s isch halt e bösi Frau.» Dann lacht er schallend. Eine ganz besondere Eigenschaft hat unser geliebter Beo, eine Art Philosophie. Sein Freund Schnäuzli, mit dem er die Voliere teilt, ist manchmal schlecht gelaunt und zänkisch. Wenn immer aber Schnäuzli Krach sucht, geht Beo im Fressnapf eine Kirsche, eine Erdbeere oder ein Stück Banane holen und schenkt es ihm.
Wenn wir Menschen es doch nur auch so halten könnten und einem schlecht gelaunten oder zänkischen Menschen mit einem guten Wort, einer Blume, einem Stein oder einer Flasche Wein ein bisschen Freude machen würden. Wie positiv könnte sich das auswirken!

Der Knabe

Ich zähle viele Kinder zu meinen Kunden, meist sind sie allerliebst. Ab und zu erhalte ich einen herzigen Kinderbrief. Letztes Jahr erlebte ich etwas ganz Liebes. Ein acht- oder neunjähriger Knabe konnte mit seinem Taschengeld und meiner Hilfe drei schöne kleine Mineralien erwerben. Er zahlte, verabschiedete sich, kam aber wieder zurück und legte mir demonstrativ 50 Rappen auf den Verkaufstisch: Das ist für Sie, für die nette Bedienung, Sie haben's verdient. Ich bedankte mich herzlichst, hatte aber hinterher einen Lachanfall. Wie lieb!

Mara

Haben Tiere auch eine Seele? Natürlich, darum sollten wir endlich aufhören mit den grausamen Tierversuchen für die chemische Industrie, die Kosmetik und die Kriegsindustrie (zum Beispiel Schweine vergasen, verbrennen usw.). Die meisten dieser Versuche sind überflüssig. Es gibt eine gute Interessengemeinschaft von Ärzten und andern Leuten.
Nämlich den Stiftungsfond für versuchstierfreie Forschung, Biberlinstrasse 5, 8032 Zürich.
Ich empfehle sie Ihnen wärmstens. Wenn ich an Stierkämpfe, Hahnenkämpfe, sogar Kamelkämpfe denke, werde ich ganz traurig.
Können wir wirklich nichts dagegen tun? Wenn man bedenkt, dass Singvögel grausam getötet und verspeist werden, und das im Land des heiligen Franziskus von Assisi; dass Hunde erwürgt und gegessen werden und billige Pelzmäntel liefern müssen; dass in Korea Katzen lebend in siedendes Wasser geworfen werden; dass Pferde gequält werden, um Rhodeos interessant zu machen (man verbindet ihnen die Sexualorgane, damit sie Schmerzen haben, so dass sie wie verrückt auf und ab springen).
Aber zurück zu Mara: Sie war eine Dobermannhündin mit einem nicht ganz einfachen Charakter. Trotzdem oder vielleicht gerade deswegen habe ich sie innig geliebt. Zurück bleiben gewisse Erinnerungen.
Mara hatte ihr «Bett» auf einem alten Sofa. Eine Zeitlang wollte sie zum Einschlafen immer ein Stück Brot oder ein altes Weggli zwischen den Vorderpfoten halten.
Wir wohnten damals an der Marktgasse. Im Keller war die Boutique, im 4. Stock die alte, aber sehr grosse Wohnung. Ich nannte sie liebevoll «mon château courant d'air»! In diesem alten Haus wohnten auch unzählige Mäuse. Zwei superintelligente Mäuse bemerkten die abendliche Gewohnheit von Mara. Sie warteten jeden Abend seelenruhig, bis die Hündin schlief, dann «stahlen» sie ihr das Brot. Die eine Maus stiess daran, die andere zog. Meistens gab es ein wenig Lärm, wenn das Brot auf den Boden fiel. Grösserer Lärm entstand aber, wenn die zwei Mäuse das Brot zerkleinerten, um es ins Mäuseloch hineinbringen zu können. Ich habe oft Tränen gelacht,

besonders wenn Mara geweckt wurde und wütend das Mäuse-loch ankläffte: Seid doch ruhig, wau, wau, ich will schlafen.

Mara starb mit siebeneinhalb Jahren nach zwei Krebsopera-tionen. Ich war untröstlich. Aber dann geschah etwas, das mich verblüffte. Wir liessen sie kremieren, weil Tiere, die man gern gehabt hat, auch sauber bestattet werden sollen. Man kann an verschiedenen Orten in der Schweiz tote Tiere ein-zeln verbrennen lassen.

Drei Tage nach ihrem Tod sah ich Mara: schön, mit glänzen-dem Fell, das Maul wie in einem Lächeln leicht geöffnet, und ein Hallo war um die ganze Erscheinung. Es dauerte vielleicht zwei bis drei Minuten. Ich bin überzeugt, Mara wollte mir sa-gen: Schau, sei nicht traurig, ich lebe weiter. Danke für alles. Ich sah sie einige Tage darauf noch einmal. Ihre Asche setzten wir in einem Blumentopf bei, da wir keinen Garten hatten. Ich pflanzte in ihm einen Rosenstock. Sieben Jahre lang blühte immer am 20. Juni, meinem Geburtstag, die erste Rose. Dann starb der Stock. Ab und zu sehe ich Mara und die andern ver-storbenen lieben Tiere in meinen Träumen. Dann gehen wir zusammen spazieren. Ich bin überzeugt, auch sie besitzen eine Seele und leben weiter.

Tiere haben auch Humor und sind sehr schlau. Wir hatten spä-ter einen Bernhardinerbastard: Pascha. Auch er war nicht ganz einfach, aber er hing sehr an uns. Er frass sehr gerne und liess sich verwöhnen, stahl aber nicht. Nur einmal — ich beob-achtete ihn dabei — versuchte er einen Teller mit Schinken auf dem Tisch mit der Zunge zu erreichen. Es war urkomisch: Er legte sein Maul auf die Tischkante und streckte seine him-mellange Zunge heraus wie ein Chamäleon. Und siehe da, ein Stück Schinken blieb daran kleben. Er sah mich an und schien zu sagen: Schau doch, der Schinken ist einfach an meiner Zunge kleben geblieben; gell, das ist kein Diebstahl!

Geister

Gibt es Geister? Seit Jahren habe ich einen Berater aus der an-dern Welt und bin sicher, dass jedes und jeder von uns einen Schutzgeist hat. Als meine Kinder noch Bébés waren, sah ich mehrmals weisse Gestalten neben den Betten. Man darf nur keine Angst vor ihnen haben. Im Haus an der Marktgasse gab es gute Geister. Den Hauptgeist sah ich mehrmals in die Wohnung kommen und wieder hinausgehen, immer in Tiefblau gekleidet. Meine Tochter sah ihn auch. Eine merkwürdige Sache ereignete sich im Estrich unseres Hauses. Ein menschliches Skelett, das vor langer Zeit zu medizinischen Zwecken gebraucht worden war, lag in eine Decke gehüllt unter dem Dach. Meine Tochter und ich hatten immer Mitleid mit ihm.

Wir wünschten, es könnte beerdigt werden. Jeder Mensch hat dieses Recht. Lange Jahre war es ruhig, dann rumorte es in der Nacht auf dem Estrich. Viele Stimmen waren zu hören, eine Frauenstimme schrie und sang sehr schrill. Ich hatte das Gefühl, dass es wegen dieses Skeletts war.

Ich schrieb der Hausbesitzerin. Das Skelett wurde daraufhin ordentlich im Krematorium verbrannt. Am Tag, als man es früh morgens in einem Sarg abtransportierte, fühlte ich mich so, als ob ein guter Freund beerdigt würde. Von diesem Tag an gab es kein Rumoren mehr, keinen Lärm, keinen Gesang.

Der «Dalmatiner»

Die Namen der Steine werden manchmal auf lustige Weise verunstaltet, so zum Beispiel: Anesthesit = Amethyst, Furunkel = Karfunkel. So passiert bei einer lieben Kundin aus Burgdorf, die damit für viel Gelächter sorgte. Sie hatte einen schönen Labradorit (Mondsteinfamilie) bestellt und sagte mir noch, dass sie diesen Namen bestimmt gut im Kopf behalten werde, da sie einfach an den Labradorhund denken werde. Ich liess also für sie einen schönen Labradorit schleifen. Frau M. kam einige Zeit später strahlend vor Freude, um ihren «Dalmatiner» abzuholen. Sie wusste noch, dass es sich um einen Hundenamen handelte ... Sie war mir nicht böse wegen meines Lachanfalls. Noch jetzt, nach Jahren, lachen wir zusammen darüber.

Der Furunkel

Ein junger Motorradfahrer in Ledermontur und mit Helm wollte bei mir einmal einen Furunkel kaufen (natürlich wollte er eigentlich einen Karfunkel-Granat). Ich antwortete ihm:

«Wenn du weiter so fährst, bekommst du vielleicht einen Furunkel gratis am Hintern!»

Papageien

Seit dreieinhalb Jahren habe ich eine Blaustirnamazone in meiner Boutique. Eine alte Frau, vom Parkinson-Schütteln geplagt, erzählte mir einmal: «Ja, ja, so einen Papagei hatte ich auch. Ich konnte nie herausfinden, ob es ein Männchen oder ein Weibchen war. Es war ein sehr eigenwilliges Tier. Am Tag ‹klemmte› es mich mit dem Schnabel, abends wollte es aber in mein Bett kommen, und ich durfte seinen Bauch und seinen Kopf kraulen.» Da antwortete ich: «In diesem Fall war es sicher ein Männchen.»
Eine andere Papageiengeschichte, erzählt von einer Kundin: Ihr grüner Papagei flog einmal zum Fenster hinaus und landete gegenüber auf dem Trottoir. Ratlos blieb er dort hocken. Eine alte Frau kam mit ihrem Märitwägeli vom Einkaufen zurück. Sie sah nicht mehr gut und glaubte einen Lattich gefunden zu haben. Sie bückte sich, um den «Lattich» aufzuheben. Da bekam sie den Schrecken ihres Lebens: Der Lattich sagte trocken: «Sälü du!»

Ich könnte noch viel erzählen von Bubi, von Brutus, von Pacha, von den sieben Kaninchen, von dem Chinchilla, von Fredy dem Frettchen, der am liebsten im Geld badete und im Dampfkochtopf schlief, von unserer Wasserratte, von Asi, dem alten Hund. Asi hat einen ausgeprägten Katzenappeal, alle Katzen lieben Asi, und Asi liebt alle Katzen.

Begegnung mit zwei Behinderten

Einmal, es war April, fuhr ich mit dem Zug nach Başel an die Schweizerische Schmuckmesse. In Olten stiegen zwei grossgewachsene, etwa dreissigjährige Männer in mein Abteil ein. Sie sprachen mich sofort an, und ich merkte, dass sie sogenannt «behindert» waren, das heisst, sie waren geistig beschränkt; der eine von Geburt an, der andere seit einem Unfall. Aber mit viel Interesse hörten sie meine Antworten auf ihre kindlichen, aber lieben Fragen. Ich vernahm auch, dass beide mehrmals in psychiatrischer Behandlung gewesen waren. Man habe sie dort nicht lieb, ja manchmal sogar mit Elektroschocks behandelt. Jetzt wohnten sie in einer Gemeinschaft auf einem Bauernbetrieb und fühlten sich dort sehr wohl.

In Basel verabschiedeten wir uns, sie wollten den Zoo besuchen. Ich sah ihnen noch lange nach: Sie hielten sich fest an den Händen, und trotz ihrer physischen Grösse waren sie wie zwei kleine, unschuldige Kinder, verloren in der feindlichen Erwachsenenwelt.

Sollten wir nicht toleranter sein mit unseren sogenannt behinderten Schwestern und Brüdern? Wir haben keinen Platz mehr für sie in unserer Welt; man versteckt sie, schiebt sie ab und schämt sich ihrer.

Grosse Kundschaft

Letzten Samstag kamen zwei Knaben in die Boutique «Windrose», beide neunjährig. Sie hatten einige Franken und riesige Freude an der Auslage. Sie lachten viel, fragten alles mögliche und duzten mich. Schliesslich kauften sie einige kleine Mineralien. Der eine Knabe meinte altklug: «Also, ich bin heute sehr zufrieden mit meinem Kauf.» Der andere, sehr selbstsicher: «Darf ich dir meine Adresse geben? Ich wohne im Tessin und möchte wissen, wann du wieder etwas Spezielles kaufst.» Und das mit neun Jahren!

Oro

Ich habe sehr starke telepathische und gefühlshafte Verbindungen zu einigen Kunden. Eine Kundin, die an einem meiner Kurse «Edel- und Schmucksteine kennenlernen und entdecken ihrer Heilkräfte» teilgenommen hatte, wurde auch eine liebe Freundin. Sie besass einen rothaarigen Kater, der Oro hiess. Oro bedeutet auf italienisch Gold. Oro durfte sich in der Umgebung des Hauses frei bewegen. Eines Abends aber kam Oro nicht zurück. Meine Freundin rief mich an und fragte, ob ich sehen könne, was mit Oro los sei. Man habe ihr gesagt, eine Katze sei unter ein Auto gerannt. Ob das wohl Oro gewesen sei? Ich bejahte. Spät am Abend fanden sie den Kater im Tierspital, tot.

Einige Nächte später träumte ich von Oro, er war ganz traurig und konnte sprechen. Er sagte immer wieder: «Oro will zu seiner Meisterin...» In der gleichen Nacht träumte auch seine Besitzerin von ihrem Oro, und auch zu ihr sprach er. Er sagte: «Geh morgen mit dem Wagen in den Wald, ich werde dir den Weg zeigen, dort wartet ein ausgesetztes Büsi auf dich.»

Die Katzenmeisterin stand auf, fuhr wie in Trance mit ihrem Wagen in den Wald. Und was fand sie? Ein kaum zweimonatiges, ausgesetztes rothaariges Katerli.

Anna

Eine liebe Kundin telefonierte mir an einem Samstagvormittag: «Eliette, meine Katze ist sicher vom Balkon gefallen, ich finde sie nirgends.» Diese Katze hatte sich schon einmal bei einem Sturz vom Balkon eine Pfote gebrochen.

Ich konnte aber Anna beruhigen: «Du musst heute abend bei einem älteren beigegelben Haus suchen gehen. Dort wird deine Katze unter einem Hortensienbusch auf dich warten.» Anna wohnte in einem relativ neuen Quartier, sie fand aber das Haus und spät am Abend gegen zehn Uhr auch ihre Katze. Diese war gesund und lag bei den Hortensien.

Der Marder

Eine Kundin erzählte mir ganz bewegt folgende Geschichte, die sie gerade erlebt hatte: Ein Marder kam jede Nacht in den Dachstock ihres Hauses und machte stets viel Lärm, was ihr immer mehr auf die Nerven ging. Sie fragte den Förster, ob er etwas dagegen unternehmen könne. «Ja», antwortete dieser, «ich kann das Tier erschiessen, wenn Sie es unbedingt wollen. Am besten wäre es, wenn ich dem Marder in einer Vollmondnacht auflauern würde, bei Vollmond sind Marder zutraulicher als sonst.» Mit schlechtem Gewissen sagte die Kundin zu. Einige Nächte vor Vollmond war sie noch spät abends im Garten und dachte an den zum Tode verurteilten Marder.

Da kam er gerade auf das Haus zu. Er sah und roch sie, dann kam er tänzelnd auf sie zu. Einige Minuten lang rannte er um sie herum, dann machte er das «Männli», dabei sah er sie ernst und bittend an: Schau mich an, lass mir doch mein Leben. Nach einiger Zeit ging er. Die Kundin weinte, telefonierte am nächsten Tag dem Förster und widerrief den Auftrag. Vielleicht lebt das Tierchen noch!

Ursula und der Fingerring

Meine Freundin Ursula verlor ihren geliebten Camée-Ring. Auch ihr konnte ich ganz impulsiv sofort sagen: «Aber nein, er ist nicht verloren, er steckt in einer gehäkelten Tischdecke.» Ursula überlegte und sagte, das sei wahrscheinlich beim Besuch ihrer Tante passiert. So war es. Der Fingerring, der ihr etwas zu weit ist, war abgerutscht und hatte sich in der Tischdecke verfangen.

Ein ehrlicher Finder

Eine Kundin verlor ihre Falkenaugenkette. Ich war überzeugt, dass die Kette beim Fundbüro abgegeben worden war. Es gibt ja, Gott sei Dank, noch viele ehrliche Leute. Und siehe da: Ein Schüler hatte die Kette gefunden und sie aufs Fundbüro gebracht.

Pepita

Im Jahr 1970 kam eine junge Frau regelmässig als Kundin mit einem jungen gelbbeigen Hund namens Pepita zu mir. Der Hund stammte aus Mexiko — eine Rasse, die nicht bellen kann, aber jaulen, winseln, ja fast sprechen.
Die junge Frau und ich hatten an einem Nachmittag eine angeregte Unterhaltung, als Pepita plötzlich verschwand. Etwa eine Viertelstunde später kam der Hund die Treppe hinunter (meine Boutique befindet sich in der Berner Unterwelt), im Maul einen Rock und im Rock eine ganz erstaunte Frau. Sie

lachte natürlich mit uns über die Werbekünste der vorwitzigen Pepita.

Die Meisterin von Pepita sollte nach China reisen, um dort auf der Schweizer Botschaft zu arbeiten. Sie wollte mir deshalb den Hund schenken. Aber da ich damals schon den sehr eifersüchtigen Dobermann Mara hatte, konnte ich Pepita nicht zu mir nehmen. Da geschah ein kleines Wunder! An einem Sonntag ging die junge Frau mit ihrem Freund und Pepita nach Vevey, um sich das Quartier, in dem Charlie Chaplin wohnte, näher anzusehen.

Der Hund lief ohne Leine bei Fuss. Aber plötzlich verschwand er in einer riesigen Villa. Seine Herrchen mussten läuten und ihn abholen. Eine nette ältere Dame öffnete lächelnd und bat die beiden zum Tee herein.

«Fräulein» Pepita sass auf einem seidenen Sofa, und ihre Augen glänzten und sagten: Hier bleibe ich. Die Besitzerin der Villa hatte kürzlich durch einen tragischen Unfall ihren Mann und ihren Sohn verloren und freute sich sehr über ihre neue Begleiterin. Und wenn sie nicht gestorben sind, so leben sie noch heute . . .

Fredy

Es war Liebe auf den ersten Blick. Fredy war ein lustiger Hausgenosse, ein Frettchen (eine Art weisser Marder), das ich fest in mein Herz geschlossen hatte.

Ich war mit einem Freund in Zürich und wollte in einer Tierhandlung für meinen Chinchilla Sand kaufen. Da sah ich in einem Drahtkäfig zwei grosse rote Augen aus einem weissen Pelz gucken. Interessiert schaute ich mir den lustigen Kerl an und stellte dabei eine Hand auf dem Käfig ab. Da schnappte Fredy blitzschnell meine Hand, zog sie durch das Gitter und gab mir einen feuchten Handkuss. Natürlich war das Frettchen sofort gekauft. Fredy durfte siebeneinhalb Jahre bei uns verbringen. Immer zu Faxen aufgelegt, spielte er mit den Katzen und plagte sie auch. Er fuhr liebendgern Auto. Noch heute vermisse ich sein fröhliches, aufgeregtes «Ga-gak, Ga-gak».

Dazu ist noch zu sagen, dass sich Frettchen nicht als Haustiere eignen, da sie eine Stinkdrüse haben und demzufolge für unsere Nasen nicht gerade wohl riechen. Aber eben, Fredy gehörte zu mir, zu meinem Schicksal.

Daniel und mein Vater

Am 10. Oktober 1988 durften wir Daniel Noël Michel, den Sohn
meiner Tochter, als neuen Erdenbürger begrüssen. In der gleichen Nacht starb mein Vater, unser Poet, unser Dichter und
Träumer. So hat unser kleiner Daniel mit seinen wachen,
schönen blauen Augen seinen Urgrossvater, der ebenfalls sehr
schöne blaue Augen hatte, abgelöst.
Der Tod meines Vaters beschäftigte mich sehr. Eines Nachmit-
tags kam meine Mutter zu Besuch. Sie sass bei mir in der Boutique und war äusserst deprimiert. Da hatte ich plötzlich eine
Erscheinung: Mein Vater stand neben meiner Mutter, ganz in
Indigoblau angezogen, und hielt eine Pyramide aus Lapislazuli
in den Händen. Er schaute zu meiner Mutter, dann zu mir ...
Es war wundervoll. Ich wusste, dass er auf seine über alles geliebte Frau wartet. Später sah ich ihn noch einmal. Jetzt bin ich
über seinen Tod getröstet.

Asi und die Lebensuhr

Unser geliebter alter Hund Asi war ziemlich schwer krank. Er
war damals schon dreizehneinhalbjährig, und wir glaubten,
dass er sterben müsse. Da hatte ich einen komischen Traum:
Asi stand vor einer schwarzen Wandtafel, und sein Lehrer
zeichnete eine Uhr, die auf zwölf zeigte. Ich fing an zu weinen,
worauf der Lehrer die Zeit auf fünf vor zwölf korrigierte. Asi
lebt jetzt, ein Jahr später, noch.

Kinderlosigkeit

Frau C. wünschte sich von Herzen ein Kind, aber leider blieb
es ihr lange versagt, Mutter zu werden. Vor etwa drei Jahren
kam sie deswegen verzweifelt zu mir. Völlig deprimiert und
nervös fragte sie mich, ob sie denn je ein Kind bekomme, ob
es einen Stein dafür gäbe. Ich lachte und sagte der Frau, dass
sie bald, wenn auch nicht sofort, ein Töchterchen bekomme.
Ich riet ihr, sie solle sich jetzt erst einmal entspannen, ihren
Mann etwa sechs Wochen in Ruhe lassen, auf andere Gedan-

ken kommen. Weiter solle sie sich jeden Abend während zwanzig Minuten einen Karneol auf den Bauch legen und ihrem Mann einen roten Jaspis auf das Sexualchakra. Ich riet ihnen, auszugehen, verliebt zu turteln wie anfangs ihrer Beziehung, zusammen in die Ferien zu gehen. Nach achtzehn Monaten bekam sie ein gesundes Töchterchen.

Letzthin kam Frau C. mit ihrem inzwischen zweijährigen Mädchen und wollte von mir wissen, ob sie ein zweites Kind bekommen könne. Kaum hatte sie mich danach gefragt, antwortete mein Beo (indische Amsel): Ja-jaa! Somit dürfte der Fall klar sein. Auch hier war es natürlich nicht nur die Steintherapie alleine, die zum Erfolg führte, sondern auch die Hoffnung, die positive Einstellung und nicht zuletzt die Liebe.

Kinderliebe

Ein Schüler, der Tiere sehr liebte, sollte einen Aufsatz über Kinderliebe schreiben. Er behauptete darin, dass Tiere liebesfähiger als Menschen seien, und schrieb unter anderem: Das Kaninchen reisst sich für seine Jungen alle Haare aus dem Bauch, welcher Familienvater täte das auch?

Ich hoffe, dass Sie an diesem Büchlein Freude haben und vielleicht auch etwas daraus gelernt haben.

Mein Anliegen lässt sich vielleicht so formulieren: «Säen, da ich viel bekam», wie die alten Ägypter in meinem 25jährigen Traum sagten. Nun haben wir gepflügt, nun musst du selber säen.

Nun bleibt mir nur noch, Ihnen Harmonie, Gleichgewicht, gesunden Menschenverstand, Toleranz, Humor, Menschen-, Tier- und Naturliebe sowie inneren Frieden zu wünschen.

Ihre Eliette von Siebenthal

Haben Sie Fragen? Ich berate Sie gerne schriftlich.

Boutique Windrose
Edel- und Schmucksteine
Eliette von Siebenthal
Kramgasse 66
CH-3011 Bern
Telefon 031 22 16 56

Mineralien sammeln?

Vielleicht möchten Sie oder Ihr Kind anfangen, Mineralien, Edel- und Schmucksteine zu sammeln.

Es ist ein interessantes Hobby, mit dem schon ein Kind beginnen kann und das in späteren Jahren beliebig ausbaubar ist. Es fördert die Beziehung zur Natur und stärkt den Sinn für das Schöne.

Man findet darüber sehr gute Fachliteratur, zum Beispiel «Steinbachs Mineralienführer» oder — auch für Kinder geeignet — das Hallwag-Taschenbuch «Mineralien».

Steine als Energiespender

Wir wissen, dass die Edel- und Schmucksteine gebraucht werden, um unser Energiefeld aufzuladen.

Was Sie vielleicht noch nicht wissen: Es gibt bereits Motoren (im Versuchsstadium), die mit Bergkristall- und Turmalinenergie funktionieren.